●シリーズ●
世界の社会学・日本の社会学

監修　北川隆吉

Raymond Aron

レイモン・アロン

ー危機の時代における透徹した警世の思想家ー

岩城完之 著

東信堂

「シリーズ世界の社会学・日本の社会学」（全50巻）の刊行にあたって

ここにこれまでの東西の社会学者の中から50人を選択し、「シリーズ世界の社会学・日本の社会学」として、その理論を解説、論評する叢書を企画、刊行することとなりました。このような大がかりな構想は、わが国の社会学界では稀有なものであり、一つの大きな挑戦であります。

この企画は、監修者がとりあげるべき代表的な社会学者・社会学理論を列挙し、7名の企画協力者がそれを慎重に合議検討して選別・追加した結果、日本以外の各国から35巻、日本のすでに物故された方々の中から15巻にまとめられる社会学者たちを選定することによって始まりました。さらに各巻の執筆者を、それぞれのテーマに関して最適任の現役社会学者を慎重に検討して選び、ご執筆を承諾していただくことによって実現したものです。

各巻の内容は、それぞれの社会学者の人と業績、理論、方法、キー概念の正確な解説、そしてその今日的意味、諸影響の分析などで、それを簡潔かつ興味深く叙述することにしています。形態はハンディな入門書であり、読者対象はおもに大学生、大学院生、若い研究者においていますが、質的には専門家の評価にも十分に耐えうる、高いレベルとなっています。それぞれの社会学者の社会学説、時代背景などの紹介・解説は今後のスタンダードとなるべきものをめざしました。また、わが国の15名の社会学者の仕事の解説を通しては、わが国の社会学の研究内容の深さと特殊性がえがきだされることにもなるでしょう。そのために、各執筆者は責任執筆で、叙述の方法は一定の形式にとらわれず、各巻自由に構成してもらいましたが、あわせて監修者、企画協力者の複数によるサポートもおこない、万全を期しております。

このシリーズが一人でも多くの方々によって活用されるよう期待し、同時に、このシリーズが斯界の学術的、社会的発展に貢献することを心から望みます。

1999年7月

監　修　者　北川隆吉　　東信堂社長　下田勝司

企画協力者（敬称略）　稲上　毅、折原　浩、直井　優、蓮見音彦、宝月　誠、故森　博、三重野卓（幹事）

レイモン・アロン
Raymond Aron (1905–1983)
(『レーモン・アロン回想録』2、みすず書房、1999より)

まえがき

ソヴィエト体制の崩壊を目前にして、一九八三年に世を去ったアロンの場合、二〇世紀の激動期を一人の思想家として生きぬき、多くの課題を残した。アロンは長いジャーナリストの生活と併せて大学教授としても、その時代のかかえる政治・経済などの諸問題を対象に積極的に研究活動を行った。とくにその研究諸成果は、米ソ二大国間の冷戦構造を反映して、単にアカデミズムの世界にとどまりえない激しい論争、対立の契機となることが多かった。彼は、ソヴィエト型社会体制（ボルシェヴィズム）を厳しく批判する立場から、イデオロギー、知識人の問題や自由、民主主義さらには産業社会のあり方など、その時代の状況を反映した時機的なテーマをつぎつぎととりあげ、多くの問題を提起したことはいうまでもない。その意味からして、アロンは単なる社会学者というよりも、経済学、社会学、政治学や歴史哲学、そして国際関係論をも射程に入れて、広く問題にとりくみ、つねに思索する一人の警世の評論家・思想家として生きぬいたといえる。

迫りくるナチズムの台頭と戦争の危機を目前にしたアロン二五歳（一九三〇年）の頃、彼は、自らに課した使命についてつぎのようにのべている。「自分の知識の限界をつねに意識しつつ、できるかぎり誠実に自分の時代を理解し、認識することと、時事性を切り捨てながらも、傍観者の役割に満足しない」（回想録）生き方を追い求めることであった。そうしたアロンにとってみると、戦争、全体主義、恐慌、貧困、不平等など当時のあまりにも深刻で危機的な問題状況を無視して、ただ学問の世界に沈潜することは許されなかった。例え、時事性、時局性を切り捨てたにしても、現にさまざまな、むずかしい問題が生じている時代の底流にある変化の実態をどのように把握し、認識できるのかといった問題は、アロンにとって、きわめて重要な意味をもっていたことは疑うべくもない。歴史哲学者としてのアロンは、歴史を因果的必然性や無秩序な関係としての歴史的個別現象を対象とする歴史主義の視点からも捉えることに反対の立場にたつ。彼にとって、歴史はむしろ意志的な選択と決断の重みをもった人間の精神史としてある。だがしかし、精神史の観点から果たして歴史的・社会的な変動過程の全体性はどこまで把握できたであろうか。全体性をいかに把握するかといったことは、アロンによって投げかけられた大きな課題の一つである。

ところでまた、社会学者としてのアロンは、自ら独自の社会学理論を構築することはなかった。彼はむしろ、代表的な社会学者の諸理論を比較・考察する研究史論を深めた点において一定の役割を果たした。社会的なものを対象に、つねに全体的解明をはかる科学的方法を究明したアロンの社会学は、とりわけ産業社会論において象徴的にその姿をみせる。それは、すぐれたジャーナリストとしての鋭い感覚にも裏づけられた現代社会の診断・論評である。アロンにとって社会学は、理論の体系化をはかる対象としてよりも、歴史や社会を分析・診断するための枠組みであったといえる。したがって、アロンは、ウェーバーなどの社会学理論との対話をつねに続けた社会学的思考の探究者であった。

私たちにとってアロンの場合、その歴史的認識と深く関わらざるをえない社会学の学問的な視角の問題、そして精神史の観点からさぐるべき歴史や社会の変動解明への可能性の問題、さらには、時代の危機深化と結びつかざるをえないイデオロギーの機能や知識人の果たす役割など、現代においても生々しい、いくつかの課題を提起している。それらは、社会学という一つの個別科学のあり方と関連する諸領域を私たちに提示する。何のための、誰にとっての社会学なのか、そうした問いかけを彼は私たちに投げかけている。また、さらに指摘すべきこととして、アロンの場合、ボルシェヴィズムの淵源をマルクスならびにマルクス主義に求めていたにしても、マルクス主義が必然的にボルシェヴィズムを生みだすに至ったのか、どうかについては、断言していないという問題がある。むしろ私たちにとっての課題は、マルクス主義を典型とするか、しないかに拘らず、今後の歴史的展望に関する一定の仮説的提言あるいは理論の科学的可能性を追究することが、ますます重要となっているということである。もとよりそれらの提言や理論は、既定のものならびに予言的なものとしてでなく、歴史の歩む現実の過程において、つねに検証されつづける必要があることはいうまでもない。アロンの諸成果は、その点からも多くの示唆を含んでいる。本論では、できるだけ、アロン自身の論理を把握する必要から、彼の言葉を数多く引用するようにした。それはまた、フランス社会学を専門としているわけでもない筆者にとっても、納得できる論理を剔出するためにどうしても必要なことであった。

二〇〇〇年一二月

著　者

レイモン・アロン――危機の時代における透徹した警世の思想家／目次

凡例

本文中に引用された文献に関しては、（ ）内に「付録」の文献一覧の記号（A＝業績一覧／B＝参考文献）と番号、およびその頁を記した。例えば（A3-57）は アロン著の 1938 *La philosophie critique de l'histoire*, Paris, Vrin の五七頁を意味する。

レイモン・アロン——危機の時代における透徹した警世の思想家

第*1*章　社会的背景と人・業績

エコール・ノルマル文科に入学したときのアロン
（前列右端。その横がサルトル、1人おいてニザン。中列右端がカンギレーム）
（杉山光信『モラリストの政治参加』中央公論社、1987より）

1　生いたちから学生時代

レイモン・アロンは一九〇五年三月一四日、パリのノートルダム＝デ＝シャン街のアパルトマンで生まれた。彼は、長男と三歳、次男と二歳しかちがわない三人兄弟の末子として育った。父方、母方とも祖父の代は、繊維関係の事業（問屋ならびに工場）を経営しており、比較的豊かな階層といえた。アロンの父は、家業を継ぐことなく、大学では法律学を学んだが、教授資格試験《アグレガシオン》に失敗したことで、その後、商業教育専門学校と技術教育高等師範で法律学の教師として従事することとなる。アロンは当時をふりかえり、平凡なフランス系ユダヤ人の平均的ブルジョア家族であったと述懐している。

一家は、アロン幼少時にパリからヴェルサイユへと移り、そこの中学・高校へ通うこととなる。彼九歳の時、勃発した第一次世界大戦に対し、勉強や遊びに夢中の時代ということもあり、ほとんど無関心だったという。ただ、一〇〜一一歳頃、彼は学校帰りに「ユダヤ野郎」といわれ、追いかけられた経験をもつ。だがユダヤ人であることが、彼の生涯を通して大きな影響を与えたようなことはなかった。高校時代は優等生をめざし、自らが勉学に努力することで、父の挫折（アグレガシオンの失敗）を他人に見返してやろうとする強い意志が働いていた。その点について彼はつぎのようにのべる、自分の能力を出しきらなかったと意識したり、恐れたりするたびに、私はまるで父に新たな敗北をもたらしたかのように父に思いを馳せたと（A28-11）。そうした父への思いを自分の努力へと同一化させることで、父の挫折に何とか報いようとしていた。いうまでもなく、その努力の目標とは、高等師範学校へ入学することであった。そこで一九二二年（一七歳）、コンドルセ校の受験準備学級に入学して合格をめざすこととなる。当時の勉学への関心は、記号や数学などにくらべて概念を使って推論することを好む傾向が強かったことからして、彼はすでに二一年、高校の哲学学級へ進級し、将来への方向を見定めていた。

やがて、一九二四年（一九歳）に高等師範学校へ入学し、二八年（二三歳）、教授資格試験に合格する。同級生としてサルトル、ニザンらがおり、後述するようにその後、とくにサルトルとの対立・離反の関係がもたらされることとなる。高等師範学校時代は、第一次世界大戦後の軍縮・平和と労働運動の高まりと同時に、他方、世界恐慌（一九二九年）を目前にして、国際的にみた資本主義経済の危機が深まり、一層の景気後退のもと、雇用不安や失業などの労働問題が表面化していた。そうした背景のもと、アロン自身は、一九二五年（二〇歳）頃に労働者インターナショナル・フランス支部（社会党の前身）に入党し、一定の社会的活動にふみだす。彼は、入党の意図を人民と労働者のために、何かしなければならないからだとのべ、自らを左翼の立場と規定していた。また、それから数年後の世界恐慌の影響を受け、父は株の大暴落で財産のほとんどをなくし、母もまた持参金を失って、六〇歳の父としては、ともかく給料での厳しい生活を強いられることとなる。このこともまた、アロンに社会の現実の変化によってもたらされる、家族や人間生活の問題をあらためて考えさせる契機となった。その頃彼はすでに学校を卒業し、兵役につく年齢となっていた。

さて、再び高等師範学校での生活にもどろう。アロン自身は、この学校ですごした年月の総決算に失望したとのべ、当時、自分は一体何を学び、それで何ができるようになったのかという疑問を抱いていた。だがしかし、在学後半の二年間はとくにカントを読みふけり、また教授資格試験の受験に際しアリストテレス、ルソー、コントなどと精力的にとりくむ必要に迫られ、当時、一般的だった、いわゆる哲学の通史的な読み方に終始していた。おそらく、彼には当時の厳しい世界の政治経済動向に対し、自らをどのように位置づけたらよいのかという、青年としての苦悩や迷いがあったように思われる。そうした中で、どうしたらよいのかという模索の道をたどりつつあるとき、彼は当時、フランスではすぐれた哲学者の一人だった、レオン・ブランシュヴィクと出合う。一九二四〜二八年当時、ソルボンヌ（パリ）大学では、ポール・フォコンネとセレスタン・ブーグレが社会学を担当していたが、ともに進歩の哲学を主張するデュルケム学派で、彼にはとても関心がもてなかった。そしてむしろカントに惹かれ、生きることの困難や失望の必然性という点でプルーストにも強く惹かれていた。そうした中でのブランシュヴィクとの出合いであった。

アロンによれば、ブランシュヴィクの学風はつぎのように捉えられていた。すなわち、ある意味では宗教的だが、あらゆる既成の宗教とは無縁で形而上学を否定し、組織を徹底的に否定しながらも哲学することのありようを体現していた。思考は判断であり、概念は真理の獲得または実在構築の一時的な段階にすぎない。同じ思考がおたがいに真価を認めあう者の間の関係を編み上げていくという方法が、ブランシュヴィクの特徴であると把握されていた（A28-38）。またさらに、哲学は科学または言語について考察し、あらゆる人間活動を考察する哲学が、現実について科学にはない、あるいは科学を超える知識をもたらすことはないとも捉えられた（A28-37）。こうして彼は、哲学との関連で科学の進歩をどのように考察し、そのためには認識論のもっとも基本的な問題にも深く立ち入る必要性があることを学びとっていく。また一方、同じ学生時代に親しかった哲学者の一人、アランとの交流を通して、その「権力に反抗する市民」というアランの政治観には強く反発しつつも、反戦運動に精力を燃やすその人柄には魅了されるという経験もする。こうして、多感な二〇歳前後の青年期に彼は、哲学・認識論の基本的な問題だけでなく、国家や権力への現実的な対応をめぐる政治思想・運動の面でも多くの触発を受けながら学生時代をおくった。

2　迫りくる大戦と研究活動

その後彼は、一九二八年一〇月から三〇年三月までの一八ヵ月間を兵役期間として、そのほとんどを空軍の気象部門ですごす。この期間につき、研究の面からいって空白の時であったという。やがて一九三〇年から三一年にかけて、アロンはケルン大学フランス語助手に採用され、まず研究生活の第一歩をふみだす。時あたかも、世界恐慌後の経済的混乱の高まりと迫りくるファシズム、戦争への不安を予告せざるをえない状況が生まれつつあった時期である。当時、彼はそうした状況への対応として、自分の知識の限界をつねに意識しつつ、できるかぎり誠実に自分の時代を理解し、認識することと、時事性を切り捨てながらも、傍観者の役割に満足しないという立場を自らの使命とした点が注目される（A28-53）。つまり全て直接的ではないにせよ、多少なりとも若きアロンがそれまで体験してきた、第一次世界大戦、ロシア革命とソヴィエト体制、大恐慌そしてファシズムの問題が、単なる、その時事的な経験を超えた、純粋な知的研究対象として、強く意識されるに至ったことは重要といえる。それは端的にいって、危機の時代に根ざした歴史的認識に関する問題であるる。この頃、彼は将来的に自身が本格的にとりくむべき研究の意味を考え、研究への強い決意を抱くに至ったことは確かである。

やがてケルン大学の任務を終え、一九三一年から三三年にかけてアロンは、ベルリン大学へ留学する。大学では、講義やゼミナールにも全く出席することがなかったかわりに、当時の時代状況との関係で平和主義に関する論評を「リーブル・プロポ」誌（アランの弟子のアレクサンドル夫妻の編集）に、また「ヨーロッパ」誌（ロマン・ローランが創刊）に権威的体制の到来に関する論文を寄稿し、駆け出しのジャーナリストとしての活動をはじめる。また他方では、マルクスやウェーバーの著作を精力的に読み込む作業にも従事していた。ヒトラーは憎悪の世界に生き、悪の権化であり私にとっては戦争を意味していた（A28-64）と述懐するように、ドイツ滞在中にヒトラーは政権を奪取する。こうしてアロンは焚書を目撃したことをも含め、ワイマール共和国最後の断末魔の苦しみに立ちあった。この衝撃的な体験は、後に彼を反ナチズム運動へと参加させることとなった。

ナチス政権成立後の一九三三年、アロンはフランスへ帰国し、また同年、シュザンヌ・ブーションと結婚する。ブーションは、高校時代にシモーヌ・ヴェーユと親交があり、それが機縁で彼もまたヴェーユとその後、会う機会があったという。帰国後まず、彼は、ルアーブル高校教師（三四年まで）をはじめ、一九三五年からの高等師範学校社会資料センターの仕事（三九年まで）やトゥールーズ大学講師（三九年まで）ならびに一九三七年からのボルドー大学教授というように、教育と研究の生活に従事する。だが一九三五年からのイタリアやドイツによる他国への進攻・併合を経て、ついに、一九三九年、ドイツとフランス・イギリスとの全面戦争突入という暗黒の時代をむかえる中で、一九三四年に父、一九四〇年には母とそれぞれ死別する悲しい体験を経ながらも、アロンの研究成果は、この間、一定の結実をみる。

一九三〇年から三三年にかけてのドイツ滞在中に彼は、一方で、フッサール、ハイデガー、他方では、フランクフルト学派やマンハイムを研究していたが、なかでもとくにウェーバーには強く惹かれるようになる。当時、ドイツ、フランス間で哲学の交流がほとんどない中で、彼はすすんでフッサール現象学を研究することによって、漸次、新カント主義などの形而上学から離れていく。そして当然にも、危機の時代への対応として、歴史と人間の実在に意味作用が内在することを考え、またさらに政治との関わりをどのように考えたらよいのかという模索から、ウェーバーに傾倒していった。ウェーバーに関する評価には、その妥当性のある解釈の多様性と真の原因究明を求めようとする配慮の間で、揺れ動くウェーバーの姿が強く刻印されていた（A28-74）。いずれにせよ、アロンにとって、つくられつつある歴史と歴史的な存在としての人間が下さざるをえない決定との関係を明らかにすることこそ、どうしても必要であった。そうした状況との関連で、『現代ドイツ社会学』（一九三五年）、『歴史哲学入門』（一九三八年）、『歴史の批判哲学』（一九三八年）は、三〇歳代前半における代表的成果といえた。『現代ドイツ社会学』の研究を通して、彼は、フランス社会学の実証的・科学的傾向とくらべ、その人間的現象の固有の意義の把握と「理解」への志向性をもった精神科学としてドイツ社会学の特徴を捉えた。同書ではジンメル、ヴィーゼ、テンニェス、フィアカント、オッペンハイマー、マンハイム、ウェーバーらがとりあげられている。また『歴史哲学入門』は学位請求論文としても提出されたもので、アロンの基本的な歴史的認識をさぐるうえで、きわめて重要な著作である。そして『歴史の批判哲学』で、ディルタイ、ジンメル、リッケルト、ウェーバーがそれぞれとりあげられた。

3　戦時下の亡命生活とジャーナリズムへの道

一九三九年、ド・ゴールによって組織された「自由フランス国民委員会」にアロンは参加し、ナチズムへの抵抗運動を通してジャーナリストとしての一歩をふみだす。これは、敵国ドイツに対する抵抗のためにロンドンで結成された亡命組織である。彼は当組織の機関誌「自由フランス」の編集に加わり、毎月号の「フランス時評」欄を担当することとなった。

ところで、一九四四年に帰国するまでの五年間の亡命生活はアロンに、果して何をもたらしたのであろうか。まず、それはつぎの諸点にまとめることができる。第一は、機関誌を通して正統なド

・ゴール主義を構築すべきだったのかについて、自身、不確かだったという問題がある。というのもルイ＝ナポレオンのような絶対権力志向型の人物と共通した点がみられるド・ゴールに対し、彼はつねに一定の距離をおき批判を忘れなかった。おそらく、このことが不確かさをもたらした要因といえる。第二は、亡命という事実につきまとう陰謀、ねたみ、とり繕いなどの、いわゆる政治のもつ、いやらしさを自身、痛感したことが、政治の舞台に直接、身をおくことをその後にわたって躊躇させた。第三は、つくられつつある歴史の神話的な見方に対するアレルギーをもっていたために、むしろ、どうしたら自身は、主体的に歴史に関わることができるだろうかという問題である（A28－201・209）。こうした問題点を自覚すればするほど、彼はやはりジャーナリストとして生きることを強く意識するようになった。したがって、亡命期間中、マンハイムやハイエクらとの親交があったとはいえ、彼は、ギンズバーグからの申し出のあったロンドン大学への招聘を断わり、また一九四四年にはボルドー大学教授をも断わり、研究生活から一段と退くこととなる。その他一九三九年に、トゥールーズ大学講師の身分もユダヤ人資格法の適用で奪われるというつらい体験をした。アロンはのべる、大学人としての経歴を中断する決意をさせたのは、ジャーナリズムを通して、歴史をつくる人々のそばですごしたロンドンでの年月が自分自身を変えさせたのだと（A28－214）。

帰国の翌年（一九四五年）、アロンは、ド・ゴール内閣におけるマルロー情報相の官房長に就任し、わずか二ヵ月であったが、生涯で一回だけの政府機関の要職を経験する。そしてやがて戦後における本格的なジャーナリストへの道は、はじめ「コンパ」誌に入社・退職後、一九四七年に「ル・フィガロ」誌に入社したことで実現し、以後、同社での長いジャーナリスト生活は病気で倒れる一九七七年まで続くこととなる。また他方、一九四七年に、彼は現状の政党体制をより活性化させることが必要であるという目的で、フランス人民連合に入党し、ド・ゴールによって全国評議会の委員に任命され、全国大会でド・ゴールの方針報告などの活動にも加わる。とはいえ、自らもいうように、ド・ゴール主義者ではないにしても、一九五〇年代を通して共産主義と右翼の革命に対して、つねに自由主義体制を擁護する立場(A28-259)から、ド・ゴール体制に関わることとなった。そしてまた、さらに特筆すべきことは、一九四七年、ラジオ番組での対談の中で、ド・ゴール主義者によって激しく非難されたサルトルを、アロンはひたすら黙殺したということが契機となって、アロンとサルトルの関係は決定的な段階をむかえる。その結果、アロンは、雑誌「現代」への寄稿をやめてしまうこととなる。そしてさらに、一九六〇年代の大学紛争時に、自己批判したこともないアロンには、教授の資格なしとするサルトルの発言で、両者の関係はますます悪化し、相互のコミュニケーションは以降、断たれてしまう。ただ、シモーヌ・ド・ボーヴォワールをまじえたサルトルとアロンの関係は、少なくとも、一九三〇〜四〇年代は相対的に良好であり、その後もボーヴォワールを介した、わずかなコミュニケーションがあったといわれている。

さて、アロンとサルトルの対立は、単なる人間関係の破綻というレベルの問題ではなく、双方におけるソヴィエト体制や共産主義をどう評価するかという認識に関する基本的問題と深く関連があるということは疑うべくもない。その点について以下、若干ふれよう。アロンはつぎのようにのべる。サルトルの場合、外界に対してモナド同様に閉ざされ、社会情勢によって孤独を強いられている意識が、殻を破るにはそれぞれが他者との間の媒介者となりうる、未組織で即興の行動によるほかはなく、それは、暴力への性向をひめた群衆の反逆を当然、伴うことになると。つまり、意識は自由なのだから、それが、先験的に合理的なものを選ぶのは当然という立場のサルトルに対し、彼は基本的に反対の立場にたつ(A28―632～634)。もともとアロンは、意識が先験的に合理的なものを選ぶ点を認めず、本来、歴史的世界に内在する複数性に対応した人間存在の複数性が、行動の動機・動因にみられるように、人間はつねに事象に対し、ある選択、決定、真実の探究の過程を歩むことになるという立場にたつ。したがって、サルトルの論理には、そうした人間の選択過程が認められないというのがアロンの主張である(A28―129・132)。こうした両者の基本的差異によって、同窓の青年期に育まれた友情だけで関係を保つことは、きわめて困難であることが明らかにみられた。

ところで、アロン＝サルトル論争がおきた背景には、もとより戦後の二大国（米ソ）間の冷戦構造が伏在していた。そうした冷戦下で、フランスに直接、関係したこととといえば、インドシナ、アルジェリアといったフランスの植民地体制をめぐる問題があった。それらの問題に対し、アロンは早くから、インドシナの放棄・撤退を提言し、またアルジェリア人の独立への権利を認めない交渉はありえないという立場を明らかにしていた。

こうした時代背景のもと、彼の関心は、当然にも冷戦に伴う戦争と平和の問題、そして国家間関係、さらにはナチズム崩壊後、大きな力を増してきた全体主義のソヴィエト体制のあり方などの問題に向けられていく。『大きな分裂』（一九四八年）、『一連の戦争』（一九五一年）の二著作は、つくられつつある歴史に関する現実的な思索にもとづいて、国際政治評論の枠組みとして世界の全体像を捉える必要から書かれたものである。当時、これらの著作を通じ、彼は戦争の可能性は皆無ではないが、予測しうる限りの未来において全面戦争はないだろうとのべ、「ありえない平和―ありそうにない戦争」（A28-332）という結論に達する。恐るべき核兵器の到来による、当事者国家双方の相殺の危機と侵略防止・相互抑止作用が結果的に戦争の可能性を少なくするだろうという現実的予測を彼はたてていた。こうした見方は、その後の著作（『今世紀の希望と恐怖』一九五七年、『国家間の平和と戦争』一九六二年など）でもひきつづき継承されていく。そしてさらにその成果は、戦争論（『戦争を考える　クラウゼヴィッツ』一九七六年）へと結実していった。この書において、クラウゼヴィッツのいう「戦争がその他の手段による政治の継続である」としたら、現代の「平和はその他の手段による戦争の継続である」とする人々のように、クラウゼヴィッツの公式を倒立させるような立場にアロンはたったのではない。彼はいかにしたら「精神力」としての平和を実現できるか、という点を精力的に究明しようとしていた。またその他、マルクス主義に対するインテリゲンチャのあり方やイデオロギーを鋭く批判した『知識人の阿片』（一九五五年）も大きな反響をよんだ重要な著作といえた。

一九五三年のスターリンの死までは、人間の精神あるいは心を賭けて闘っていたとアロンがいうとき（A28-260）、そこには自由主義体制を何としても守ろうとする激しい気迫がみられた。いずれにせよ、一九六二年のソ連によるキューバでのミサイル基地撤去をめぐる、米ソ間の一触即発的な緊張の時期をピークとして、その翌年の部分的核実験停止条約が実現するまでの一九五〇年代ほど、朝鮮半島、スエズ地域などでの局地戦争のほか、東欧諸国（ポーランド、ハンガリー）への国内反乱分子の阻止を名目としたソ連の軍事的介入など、冷戦下での紛争、対立、軋轢が一段と表面化していた時期はない。したがってこの時期は、その前後と異なりアロンのジャーナリストとしての活躍がとくに目立ったといえる。

4　大学での研究生活と社会学

このように、一九五五年頃までの戦後一〇年間は、冷戦構造の激化、戦争の危機、植民地体制の崩壊ならびにソヴィエト体制の前進などを特徴としていた。そうした事態に対し、ジャーナリストとして立ち向うにあたり、アロンは当然、事象の時局性や個別性の枠内だけで判断することの難しさを一層、自覚せざるをえなくなった。つまり、より広い射程にたった歴史的・政治的・経済的・哲学的などの視点が求められていた。あたかも、それを証明するかのように、ジャーナリストと研究者の間を振子のように揺れ動く姿をみてとることができる。

彼は、一九五五年頃をふりかえり、つぎのようにのべている。地方の大学に流されるのを拒否して学問的な仕事を離れ、ジャーナリズムの世界に飛びこんだだけという(A28-365)、その底流には、戦時下の雑誌編集の仕事が、戦後、比較的スムーズにジャーナリストとしての仕事へと連続していったことに対し、ある種の反省があったように推察できる。この点は、彼のジャーナリストという職業に対する評価と深く関わる問題として示される。アロンはいう、ジャーナリストの場合、作家や学者とはちがって、すぐに才能を発揮できるが、なかなか進歩できないこと、また自分にはジャーナリストの特徴である新しいものへの傾斜が欠けていたと(A28-273)。こうした発言の底には、ジャーナリストとして進歩をはかるには、やはりその裏づけとしての知的蓄積を伴うのは当然であるのに対し、それが十分にできていないこと、また日々、刻々と変わる諸事象に対する、積極的取りくみの姿勢がつねに求められることに対し自分は適応できていないといった、自己批判が明らかにみられた。その結果、職業上のゆきづまりの打開の途を彼は、再び研究者生活への復帰に求めることとなる。また、このこととも関係し、三人の娘のうち、一九五〇年に次女が白血病で死亡しただけでなく、ダウン症の三女が誕生したことで、その後数年間、自身、傷心と失意の日々をすごす中で、妻や子供と長く接触できる研究の仕事への思いは一層つのっていった。

さて、以上の背景のもと、一九五五年のパリ大学教授就任は彼にとって仕事上の大きな転換をもたらすこととなった。教授選挙においては、ギュルヴィッチが擁立した対立候補をやぶっての就任だった。まず、一九五五年から五八年にかけてのパリ大学の公開講座は、「産業社会」、「階級闘争」、「民主主義と全体主義」という三つのテーマ毎に実施された（その成果はそれぞれ『変貌する産業社会』一九六三年、『階級闘争』一九六四年、『民主主義と全体主義』一九六五年刊行された）。アロンはそれらの成果をつぎのように概括している。すなわち、東西ヨーロッパの経済と社会の比較を考慮しつつ、体制の多様性と成長の様態、成長の諸段階、体制別・成長時期別の社会構造、政治体制の相対的自律性、生活様式と階級間の関係への政治体制の影響などが、その主な内容といえる（A28-427）。そしてまた、これらの成果にひきつづき、関連するものとして『自由の論理』（一九六五年）、『産業時代に関する三つのエッセイ』（一九六六年）やアルチュセールのマルクス思想を問題にした『ある聖家族からもう一つの聖家族へ』（一九六七年）そしてパリ五月革命を扱った『見えざる革命』（一九六八年）の他、いわば社会学的視点をふまえた、現代社会論ともいうべき『進歩の幻想』（一九六九年）や前述の『知識人の阿片』（一九五五年）にひきつづき、イデオロギー批判としてとくにサルトルの『弁証法的理性批判』に対する反論の書である『暴力の弁証法と歴史』（一九七三年）も刊行された。

この期は、いうまでもなく、ジャーナリストとして活躍しつつも、むしろ大学での教育・研究活動に重点がおかれていた。そして研究の特徴は、西欧社会とソヴィエト体制との現状の比較分析にもとづく問題の剔出のみにとどまらなかった。むしろ、彼は両者を包括するものとして、産業社会の成長・発展段階のあり方を論じ、そこから成長・発展と国家の体制とはどのように照応しうるのかといった点を考察する。そして、そもそもヒエラルヒーと競争の原理にもとづく、産業社会がもたらす不平等や、異質性に伴う諸問題をも指摘する。またさらに、人民の意志を僭称して個人の自由や代議政体を抑圧する名目のために、民主主義が利用されることがあるという観点から、自由と民主主義とがともすると、乖離する危険をすでに提示していた。

このように変動する産業社会のあり方を、政治体制、階級・階層、家族さらには自由や民主主義などの問題をも包括しつつ、総体的に究明しようとするところに彼の意図は確かにみられた。そして、その意図を実現するにあたり、特殊な科学であろうとするとともに、社会全体を分析し、理解しようとする「社会学」の方法が吟味されることとなった（A13-21）。いわば、そうした意図との関連で、社会学者の思想や方法を比較吟味したものとして、前述の『現代ドイツ社会学』（一九三五年）に続き、この期『社会学的思考の流れ』（一九六七年）を著している。だが、いずれも従来研究の批判的検討が主であり、自らの社会学的方法を独自に展開しているわけでなく、むしろ彼の論理は、それぞれの著作で部分的に展開されている点を指摘する必要がある。

そこで、まず以下の章で詳述するが、前もって、アロンのいう社会学の視点に関し若干のべておこう。彼はまず、社会的現実をつぎのように規定する。すなわち、社会的現実は脈絡のないものでもなければ、完全無欠なものでもなく、部分的秩序の多様性を伴うが、はっきりと総括的秩序を伴うわけではない。したがって、社会的現実を把握するにあたり、一方で、社会の真の普遍的な体系という独断論を拒否し、他方では、社会学的解釈の完全な相対性をも拒否する。それゆえ、社会学にとって必要なことは、まず事実の積み重ねを行いつつ、新しい諸問題を提起し、概念的道具を精緻化することによって理論の進歩をはかることであるという（A13-29〜30）。このことは、自分はデュルケムの直接の弟子と社会学が哲学から分離独立する過程で実証的研究を必要とするようになった世代との中間に位置するとアロンもいうように(A28-378)、その歴史的認識とも深く関わる、哲学的体系性と科学的実証性との狭間で苦悩する姿を明らかに示している。

ところで研究面のみならず、この期はまた、彼にとって教育上の問題にどう対処するかが、もう一つの重要な意味をもっていた。なお、この期の一九六〇年代の初めには、アロンの助手としてピエール・ブルデューがおり、アロンは、彼のことを持てるものすべてを開花させる将来を予測させる大物と評価していたが、その後の大学紛争時に両者は対立し、関係が断たれてしまう点を付言しておこう。さて、かねてより、大学入学選抜試験として不十分なバカロレア制度や、教育の質を保証することも研究者の養成もしない教授資格試験のあり方、自分の講座を絶対的に支配しながら、同僚の仕事には無関心な独善的な教授の存在など、フランスの高等教育体系の現状に対し、アロンは批判しつづけていた(A28-505)。ところが、相変わらずの老朽施設が存在するもと、古典研究の衰退の一方、社会科学の流行、学生数の増大などといった現実が表面化してくる中で、大学においてもアロン就任後より、そうした問題に対し改革への動きが生まれてくる。そうした中で、彼は具体的に社会学の学士号を創設することによって、学内における社会学の地位向上をはかることに努力したり、バカロレアを単なる中等教育修了試験として位置づけ、むしろ大学へ入学する時点では選抜の必要性を提言したりもしていた。だが、そうした教育改革への努力も半ばにして、一九六八年、パリ大学から社会科学高等研究院へとかわることとなる。時あたかも、フランスなど先進諸国において大学紛争が激化した年であった。アロン自身は大学紛争に対し、一貫して冷静な観察者にとどまり、いわゆる、学生たちの破壊活動的なやり方に注意を促し、学生の大学経営参加にも限界があると指摘しつつ、リベラルな大学の大義を擁護する立場にたっていた。こうした対応に対し、サルトルの激しい非難があびせられたことは前述した通りである。

さて、一九七〇年代に入り、米中共同声明や米ソ間戦略兵器制限条約の調印（一九七二年）ならびに米ソ間核戦争防止協定の調印（一九七三年）などを契機に、冷戦構造も軍事的均衡・相互抑止を背景にした、いわゆる緊張緩和（デタント）の段階に入る。そしてまた、一〇年以上にわたるベトナム戦争も一九七五年に終結し、さらに、初の国連軍縮特別総会の開催（一九七八年）などを通し、平和的共存の時代をむかえるに至った。だが一方、一九七三年の石油危機を契機にして、世界同時スタグフレーション（一九七四・七五年）が発生し、世界経済は、一段と景気低迷におちいり、産業の再編成ならびに合理化に伴う雇用不安・失業等の問題がますます深刻化する時代をむかえた。

ところで、そうした事態にも拘らず、アロンにとって、一九七七年に病気で倒れるまでの数年間は、充実した研究活動と精神的な安らぎの時であった。パリ大学のあと一九七〇年に就任したコレージュ・ド・フランスでの教授時代をむかえ、彼は再び精力的に活動を開始する。まず、コレージュ・ド・フランスでの毎年の講義内容をみてみよう。「社会学的思考批判」（一九七一～七二年）、「ドイツ歴史主義から分析哲学へ」（一九七二～七三年）、「ポスト産業社会」（一九七三～七四年）、『西欧の衰退」（一九七五～七六年）、「マルクスとマルクス主義」（一九七六～七七年）、「自由と平等」（一九七七～七八年）がそれである。当初アロンは、これら講義の成果を順次、刊行しようとしていたが、そのほとんどは果たされなかった。ただ、シュペングラーやトインビーらの、とくに文明の衰退論を検討した「西欧の衰退」の成果として『衰退するヨーロッパ擁護論』が一九七七年刊行され、また核時代における戦争と平和の問題を究明した『戦争を考える　クラウゼヴィッツ』（一九七六年）と『世紀末の国際関係』（一九八四年）が、この間の主な著作となる。

　これら一連の講義と著作活動を通して、やはり、アロンは最終的に歴史的視点に行き着いたという。すなわち、現時点で最大の歴史的課題は、やはり自由主義的な産業社会と専制的な産業社会との二者択一であり、したがって、いずれの側のヨーロッパが他の側を回心させ、支配することになるのかが、現代の文明の本質の決定に関わる問題だとした（A28－714）。いわば、そうした問題を究明したのが『衰退するヨーロッパ擁護論』である。われわれの文明の本質が決定されるのは、ヨーロッパでのことだというように、長年にわたるマルクス主義との対決を通して、彼が求めた自由と平等の問題への執着は、最後まで貫かれていたといえよう。そこにはぬきさしならぬヨーロッパ中心主義が基底にあった。そしてまた、ジャーナリストとしてアロンは、この期、キッシンジャーとの交友を深め、その緊張緩和とイタリア共産党との接触拒否に象徴される、キッシンジャーのいう、危機管理的発想に対し、強い共感をもっていたことをつけ加えておこう。なお、一九七四年、アロンは科学文化功労賞を授与される。

5　死と生の交錯の中で

一九七七年四月、アロンは塞栓症の発作で倒れ、五月に「ル・フィガロ」誌を退職する。そしてその後、話したり、書けるようになるまでのリハビリテーションには、数週間を要したが、一定程度、回復し、やがて「レクスプレス」誌に入社し、論説委員そして論説委員長としての活動を再開する。倒れた頃、アロンはつぎのようにのべている。自分に残された時間と呪うべき血栓が私に残した体力のことを考えるようになったと（A 28-739）。そこで残された時間で、長期にわたる大学勤務からも解放され、かねてから意図していたマルクス主義、歴史哲学、回想録のうち、体力的にすべては無理にしても、せめて回想録を仕上げるために執筆に専念することとなる。そして一九八三年に『回想録』は刊行され、また、ミシカ・ヴォルトンとのテレビ・インタヴューを集録した『参加する観察者』（一九八一年）も刊行された。また一九七九年、彼はフランクフルトでゲーテ賞を授与される。

ソヴィエト体制の崩壊（一九九一年）による冷戦構造の一定の終結を目前にして、アロンは一九八三年一〇月一七日に亡くなる。この七八年間の生涯は自身にとってどのように捉えられていたのであろうか。彼はいう、大恐慌がドイツのナショナリズムを激化させて、ヒトラーを権力の座に押し上げ、ヨーロッパを破局に追い込んでいた。モスクワには権力の座にマルクス主義、ベルリンには反プロレタリア革命、これは私の研究を方向づける事件だった。私は、これらの革命と戦争の同時代史を専門にしようと志したと（A28-806）。今世紀における革命、戦争、貧困、不平等や産業社会の変動など、あまりにも激的な変化を伴う現実を目のあたりにする中で、それら事象の意味、解釈、証明、予見をつねとするジャーナリズムの論理と行動の厳しさをアロンは日々、体験してきたといえる。彼はまた、つぎのようにものべている。私は現実から十分に離陸していなかった。自分は分析者あるいは批評家であった。その作品は利那的な状況に密着しているから、創作家の作品にくらべて持続的時間が短いと（A28-776）。このことは、ジャーナリズムの論理と行動に対する彼の自己批判的評価ともいえる。すなわち、そうした自己評価への対応として、彼は、つねに学究生活で蓄積すべき、説得的な持続性のある論理を追究することとなった。いわば、学究生活での諸成果を検証する場が、ジャーナリズムの世界であったともいえよう。

ところでアロンは、最後の残された時間に何故、マルクス主義と歴史哲学をあげたのだろうか。あれほど対決すべきマルクスを評して、彼は、おそらく同時代でもっとも豊かで情熱をかきたてる存在でありつづける人間として捉えており、いまだマルクスに関する研究の不十分さを自覚していた。そしてまた、ウェーバーの方法とマルクス主義との相剋関係の中で捉えるべき、もう一つの側面は、現に生成しつつある歴史における人間のあり方や産業社会の変化と展望など、つまり歴史的認識に関する問題であり、それをより一層、明らかにすべき任務を自身、強く意識していたことも間違いない。彼にとって、死と生の交錯する最後の時をむかえ、それらを成し遂げようと努力していたことは確かである。だが、これらの問題はすべて彼の死によって残された。

本書では、きわめて多岐にわたるアロンの成果をすべて対象とすることはしない。そこでとりあげる対象を彼の社会学知見や方法をさぐりだすためのものに限定している。アロンの場合、独自の社会学理論の構築・体系化をはかるために考究された成果はなく、むしろ、対象となる研究課題との関わりで社会学が問題とされていることが多い。したがって、次章では、いくつかの課題を設定し、その課題解明へ向けての、アロンの社会学的知見や方法を考察することによって、彼の社会学観を明らかにするように努めた。

第2章　理論展開の諸相

(『社会学的思考の流れ』Ⅰ、法政大学出版局、1974より)

1　歴史的認識の視角

(1)人間の生成としての歴史

アロンは歴史をどのように把握していたのであろうか。その基本的な分析視角をさぐるには、彼の歴史観をまず検討することが不可欠となる。彼はいう、人間は歴史をつくるが、自分でつくっている歴史を知らないと（A2-165）。これこそ、その立場を象徴的に示している。以下、その点について順次、考察していこう。

そもそも歴史は、ばらばらの変化を統一する全体および運動に方向を与える進化という、二つの統一性を要求するものとしてあったとアロンは指摘する（A2-176）。だがしかし、歴史が本来の神学（摂理）や形而上学（理性）の普遍的原理にもとづく統一性として説明されてきた時代を過ぎて以降、いまや、科学の発展に伴う自由な人間の立場から、歴史自体を説明することが重要となってきた。その結果、前世紀まで承認されてきた、いわゆる進化のメカニズムを放棄あるいは修正し、種の歴史について抱いてきたイメージを再検討せざるをえなくなってきた事実がまず指摘される。それはつぎのような事態によって生みだされてきた。すなわち、戦争や抗争などによってもたらされた文明の脆さ、またソヴィエト型社会体制にみられるように、もっとも確実とみなされた獲得物が集団的神話のために犠牲にされたこと、そして露わな姿をみせるに至った政治のもつ不条理な側面、さらに実証科学は部分的活動にすぎず、それは固有のリズムで発展するが、人間の精神や行動は、その速い動きに従うことはないという事実などによって、いまや導きの糸としての理性は、最高の善でも、決定的な力ではなくなってきたことがそれである（A２―178）。

いわばこうした状況に関して、アロンはいまや、進化としての歴史から生成としての歴史への転落が問題となってきたという。彼にとって歴史は、人間性そのものであり、それはつねに精神の歴史として捉えられ、したがって、人間が自己の生に与える意味との関連で歴史に関わる限り、歴史そのものは多様性を当然、示す。またアロンにとって精神とは、創造の可能性であり、単なる反映や非合理的な諸力の表現ではない。それはむしろ起動的な主体性を意味しているといってよい。もとより、こうした観点は、彼の生成の論理にもとづいていることはいうまでもない。彼はのべる、歴史とは人間の生成すなわち、社会的生成であると同時に、精神的生成でもある人間の生成の回顧的把握であると（A２―99～100）。それゆえに、アロンにとって歴史は進化でもなければ堕落でもない。それは時間の推移における多様性であり、歴史的継起はつねに非決定論的なものである。その結果、統一性を要求するものとしてあった進化の歴史から、いまや各時代は、それぞれ別の目的をもち、ばらばらの人類を結ぶ、根本的な共通性の何一つない、生成としての歴史への転落は、一種のアナーキーへ帰着せざるをえないとみる(A2-179)。したがって、歴史的多様性の中で、いかにして、人々の営為によって相互に認識しあえる統一性をつくりだすことができるかが、現在、鋭く問われている問題であると想定された。

(2)歴史的認識の弁証法

さて、つぎの問題として、人間の生成過程としての歴史をアロンは、歴史の対象がもつ個別性と全体性の弁証法によって捉えようとしたことである。まず始源的にみて、個人の人間的個別性は共同体という共通の基盤のうえでつくられ、人間は、もともと社会的共同体の中で生きると同時に精神的な共同体の中で生きてきた。そして共通の基盤の例証として、社会的事実（デュルケム）、客観的精神（ディルタイ）や客観化された精神（ハルトマン）などをあげる。ところがやがて、共同体の変容に伴い、歴史の対象は、一方で、人間の生から遠ざかり、非個別化・体系化された法制や組織・集団へと外化していくと同時に、他方で、歴史的生命が固着し、つぎの時代へとそれが継承されていくという、二重性によって歴史は形成されてきた。彼はのべる、歴史の対象が過去に属するということ、それが生成の過程にあるということ、それが個人の意識に内在すると同時に個人の意識を超越する集団的・精神的実在から生じているのであると(A2-96)。そこには、個人にとっての内在化と外在化の相互作用のうちに歴史を把握しようとする立場が明らかにみてとれる。

　このような立論にもとづき、彼は歴史的認識をつぎのように規定する。すなわち、現在を過去と対照し、各人の現在を各人の過去と対照し、主体を他の存在と対照する人間存在と不可分の認識であり、しかも生から出発して生へ立ち戻る弁証法の契機となる反省としての認識がそれである（A2-97）。個人と他の存在との時間―空間的な交織関係を通して、歴史的認識は形成されるというのがその主張である。その結果、個人からみた動機の複数性や動因の不確定性、ならびに個人と他の存在との関係の複雑性によって、歴史的認識のみならず、歴史的実在もまた多義的となる。この多義的という意味は、彼によると、人間の生が展開する場である精神的世界の複雑性とともに、思想や基本的行為がその中に位置を占める全体世界の多義性によるものである。

　したがって、私たちは、ある歴史的実在を捉えようとした場合、単なる列挙ではない定義のために、一定の選択すなわち組み立てる作業を行う必要がある。だがまた可能な選択を人間はその多様性を通してせざるをえないのも確かである。その意味において、選択は、個人の固有の生を起源とし、それを目標とする以上、実際には自己に関する決断と同義となり、生成を再構成しようとする歴史における行為そのものといえる。とはいえ、選択と行動を考えた場合、それは無条件なもとでなされるわけでないことはいうまでもない。アロンは、選択と行動がつぎの三つの要請にどう対応しようとしているかという点で、その関係を問う。つまり第一は、遺産を受け容れること、第二は、未知の未来をめざすこと、第三は、個人を超越する運動の中に自己を位置づけることである（A2-397）。こうして、既成のものによる一定の束縛のもと、不確定な未来へ向けて人間の行為自体は、不確実で多様な環境を通して展開せざるをえない。

彼はまた、人間の歴史の構造を規定するものとして、つぎのような三つの対立の諸相を示す。すなわち、複数性と複雑な統一性との対立は、偶然と規則との対立、生成と進化との対立と同じように決定的であり、この三つの対立が一緒になって歴史の構造を規定するという（A2-335）。したがって、想定された普遍性や総合性あるいは因果関係の必然性を認めようとしないのは、きわめて当然といえる。アロンは諸局面において、歴史的事実の間の関係や歴史的事実の変化を問題にする場合、つねに彼のいう弁証法を主張する。だが、弁証法が、少なくとも対立を通して生ずる変化や運動というダイナミズムを含意しない限り、それは、二項対立の静態にとどまるという問題がある。つまり、アロンにとって、歴史の変動はどのように説明されるのかという問題であるが、ここではその点だけの指摘にとどめ、あとでふれることとする。

(3)歴史的認識と社会学

いずれにせよ、歴史的事実の解明にあたり、唯一の原因をさぐりだすのではなく、各種の原因を選びとり、その影響をはかることに主眼をおくべきであるとアロンはいう。その点からして、社会的原因は必然的というより、適合的原因といえる。また歴史全体の動向をみた場合、そこには根本的原因が存在しているのではなく、むしろ、いろいろな要素の部分的規則性の組織化によって、歴史を捉える必要があるというのである。彼はつぎのようにのべる、全体の統一性は無限の彼方にある目標に等しい。すなわち、人間がその歴史の終点にたどりつき、創造することも自己を創造することもやめた時になって、哲学が把握できる全体性であると（A2-336）。したがって現在、生きている人間にとって、精神的生成の多義性と発展の未完結性に由来する歴史の相対性を人々は甘受せざるをえない。

冒頭でのべた「人間は歴史をつくるが、自分がつくっている歴史を知らない」とは、生成過程の中心にいる人間にとって、現につくっている歴史を未来への予告や見通しをもって、捉えることができないということを意味する。あらためて、アロンの主張をきいてみよう、私は人類の未来がいかなるものか知らないが、われわれの人類の未来を知らないということを知っている。知ったかぶりをする人たちは、真実を偽る人たちだ。われわれの希望を確実なものだといったり、ましてや、その希望を実現するために歴史法則や一つの党派（または階級）の行動を信用することができない（A17-168）。したがってともすると、人間は知らないか、もし知りたいという欲望にかられた場合、それに対し、あたかも応えるかのようにイデオロギーや神話が登場する危険がつねにあるとアロンは指摘する。その一例として、彼はスターリン主義をとりあげる。すなわち、それは同時に過去と現在を意味あるものにし、現在あるものから、あらねばならぬものをひきだし、現在から予見されるとか、希求される未来をひきだす見方としての歴史的世界の偽体系的全体観の形成であると（A17-152）。そしてまた、社会が整合的・一義的であると想像したり、社会学が、全体的・体系的であると想像することは、社会学の性質を歪める危険があるとものべ、社会に対する原子論的見方も全体主義的な見方もともに彼は批判する。その結果として、社会学の場合、すべての因果関係は部分的で蓋然的であることをふまえる必要性を説く。

やはり、こうした論理の基底には、歴史的決定原因は仮言的（ある仮定条件のもとに立言する判断——著者注）であり、それは現実の一部しか捉えられないから、無限に推進したとしても対象全体に到達しえないからであるという、歴史的認識の方法が伏在している（A2-318）。また他方、彼は、一八世紀啓蒙の進歩のオプティミズムへの反動として生まれた歴史主義をも批判する。すなわち、真理の蓄積も進歩も認めない、そして生成の哲学であって、発展の哲学でもなく、価値の無政府状態におちいるのが歴史主義であるとのべ、それは懐疑論と非合理主義の混合物であると規定した（A2-354）。このように、アロンは、マルクス主義の因果的体系化としての歴史決定論も、思考の徹底的な歴史化を主張し、進歩を認めない生成の哲学にもとづくディルタイ、トレルチらの歴史主義をも批判しつつ、つぎの三つの視点からむしろ歴史の目的を考究しようとした。それは実証的・部分的な真理の自律性、反省の普遍性、個人による自己の精神的存在の構成である（A2-369）。だがしかし、歴史の目的を明らかにするために、目指す全体の統一性は、彼にとって前述のように無限の彼方にある目的に等しいものとされ、それ以上の方法視角は必ずしも明らかにされなかった。

以上のような観点から、アロンは、デュルケムやウェーバーの方法をつぎのように批判する。まず、デュルケムのいう、歴史的発展は、一つの一次的要因によって全体が説明されるはずだという見方に対し、彼は全体を部分相互の連関として捉え、それらの適合的な因果関係から分析すべきであると主張する。また、ウェーバーについても、プロテスタンティズムは近代資本主義の一原因であるにしても、プロテスタンティズムの倫理と資本主義の精神との間に確定的な因果関係があるとはいえないと反論する。

それでは、このような歴史的認識にもとづいて、アロンは社会学をどのように考えていたのであろうか。ここで彼の基本的な立場を明らかにしよう。まず、彼は社会学の性格を規定して、第一に社会的なもの自体、あるいは社会全体を対象とする専門的学問であり、第二にそれは、法則（少なくとも規則性や一般性）を確立する努力を特徴としているという（A2-230）。端的にいって、歴史的事実の間の一般的関係を取り出す学問を社会学とみる。そして社会学的因果性と歴史的因果性の相補的・対立的関係のもとで、社会学の方法の特徴をつぎのように指摘する。第一として、社会学は、反覆可能な事実の原因を対象とするが、その原因とは恒常的前件（最初のある仮定条件のもとに立言する判断のこと――著者注）である。第二に社会学の場合、すべての因果関係は、部分的・蓋然的である。またさらに第三として、社会学的関係は、分析された項ではなく、構成された項（歴史的全体から分離できる項ではなく、その中に組み入れられた項）を相互に結ぶものであるから、その範囲は限定されている（A2-230・273）。このように、後述する社会的なものを対象に、すぐれて蓋然的な因果関係にもとづく、構成された項を分析することをめざす社会学の性格が、明らかとなる。

ところで、その社会学の方法は、彼のいう歴史的事象に対する「理解」の視点が深く関連していることを指摘する必要がある。彼は、認識を体験あるいは実現した人が思惟したところの、あるいは思惟しえたであろうところの現実に内在する意味（それは一つの志向性をもった、あらゆる観念的内容、あらゆる対象のこと）を認識がひきだすことが理解であるという（A2-61）。このように、認識の体験や思惟内容にもとづき、現実の意味を人々が捉えうる限界は、当然にも理解そのものを限界づけ、相対化させざるをえない。彼のいう、一定の仮定条件による前件や蓋然的な因果関係の制約は、そのことを明らかに示している。

さてアロンのいう「人間は歴史的存在」とは、つぎのことを指す。人間は、個人的であろうとする社会的存在であり、自らの特殊性を顧みる意識的存在である。歴史とは、これらの矛盾が創造的矛盾と化す弁証法であり、人間がそれにより、その中で自らの有限性を認める無限のことである（A2―404）。だがしかし、そもそも歴史がはらむ矛盾が創造的矛盾へと化すとは、具体的に何を意味し、それはまた、どのような過程として検証できるのかなどといった問題は、必ずしも明らかにされていない。また、彼の歴史的認識が、すぐれて、精神の生成過程として歴史を捉えるという視点にもとづく限り、果たして歴史的変動のダイナミズムはどのように生れてくるのかといった問題を指摘せざるをえない。なお、この点は後述するにしても、アロンが、社会学に一定の期待を抱いていたことは確かといえる。つまり、彼は初期の著作の中で、すでに哲学の不断の配慮に加えて歴史科学の知識および世論調査を結合させるべきものとして社会学を措定していた（A1―228）。そこには、明らかに哲学と科学、歴史学と社会学のそれぞれの関連を視野に入れて、社会学の発展をはかろうとする意図が示されている。だが果たして、その意図が実現されたか、否かについては、以下においてさらに検討を試みる。

2　産業社会の展開と問題

(1) 産業社会出現の背景

すでにみたように、アロンの歴史的認識論は、いまだ一九三〇年代の研究成果ということもあり、すぐれて哲学的・抽象的側面が強くみられ、また、それとの関係で社会学理論のあり方もある程度、問題として指摘されるにとどまっていた。だがやがて、戦中・戦後にかけて激的な変化をとげる国内外の政治・経済・社会的諸状況を体験することにより、彼は、現に生きている時代・社会を当然にも問題とするに至る。それは、現代社会をいかに把握するかという問題であった、彼は、その把握すべき対象を産業社会にみた。

ところで、アロンは産業社会が問題となる背景をどのように捉えていたのだろうか。まずその点からさぐることにする。彼は、一九世紀における二つの事実、つまりフランスの君主制の崩壊、社会階級組織の打破と生産手段のめざましい発展に関する解釈をめぐる社会学のあり方を検討し、例えば宗教的信仰（コント）や平準化の傾向（トクヴィル）、そして階級闘争の必然（マルクス）などによって、新たな社会的統一をはかろうとする代表的な立場とは異なる、つぎのような問題点を指摘した。いまや、資本主義、社会主義それぞれに共通して認められる事実は、生産性の進歩あるいはまた、集団全体ないしは集団内部の各個人によって生産される価値の増大がそれであり、問題はその増大に伴い、社会秩序の面でどのような結果が生じているのか、ということがそれであった（A13-46）。またすでに、一九世紀前半には、西欧諸国において、産業主義と民主主義の傾向が明らかに認められ、それは、具体的に生産部門への科学の応用とともに、社会的平等の要求の高まりとして指摘された。この時期はいうまでもなく、産業革命が本格化した時であった。

以上のような背景をふまえながら、アロンは、一九世紀から二〇世紀にかけての問題の変化をつぎのように指摘した。すなわち、一九世紀前半における主要な問題は、まさに富が流れでる工場に潜む悲惨な貧困の存在を目撃したプロレタリアートの問題であったのに対し、二〇世紀後半におけるそれは進歩の不平等の問題であると（A20-371）。つまり現代において重要な点は、産業社会の性格が、どの程度まで不平等を軽減または強化するのか、あるいはまた、社会的成層をどのように決定づけることになるのか、といった問題を解明することとなった。後述するように、彼によれば、現代の産業社会は理念として平等主義でありながらも、組織はヒエラルヒー的であることを特徴としている。

もとより、産業社会における問題の所在を把握するにあたり、彼はマルクス主義とは異なり、経済の発展段階により体制が決定づけられるという、いわゆる、決定論的進化論の立場をとらないことをあわせて指摘する必要がある。その意味において、資本主義から社会主義への歴史的必然性を認めない。また同様に、ロストウのいう経済成長の諸段階論（伝統的社会→離陸のための先行条件期→離陸→成熟への前進→高度大衆消費時代の五段階）に対しても、すべての国が同じ段階を経て、同じ道をたどらねばならないかのようなあり方は、早計であると批判した。そしてむしろ、近代化の過程にある、多くの社会に共通の特徴と多様な成長パターンをこそ、もっと究明すべきであるとした。したがって、そうした考察をぬきにした、デュヴェルジェやドイッチャーらのいう、ソ連型社会体制と西欧型社会体制との収斂説をアロンは厳しく批判した。このように経済成長段階の継起の順序と社会体制の継起の順序とは一致することはなく、またどの段階をたどるのかは、多様性の中での人々による選択と決断に関わる問題であるとした。その意味において、彼は、現代社会を捉えるにあたり、産業社会を基本的・包括的な概念枠として、むしろ積極的に設定したのである。

(2) 産業社会の特徴

アロンによれば、産業社会とは歴史的なある一つの社会とか、現代社会の特定の時代をいうのではなく、人間経験の新しい世紀を開くような社会類型ということになる（A17‐102～103）。マルクスのいう、経済の歴史的な発展段階にもとづいて、社会は形成されてきたというのではなく、少なくとも、それ以前の前産業社会とは明らかに異なる類型を示すに至った点にまず着目した。それは歴史的概念というより、むしろ説明的概念といえる。その典型的な説明として、産業さらには大産業がもっとも特色豊かな生産形態になるような社会を産業社会と彼はよぶ（A13-87）。だがしかし、問題として指摘すべきことは、何故、「人間経験の新しい世紀を開く」ようになったのか、あるいはまた、「大産業がもっとも特色豊かな生産形態」に変ったのはどうしてなのかという、歴史的にみて、より根本的な解明が彼にはみられない点である。つまり、現状の社会の特徴を現象的に描きだすことにとどまっている。

マルクス主義にくみしないアロンの場合、それでは、上部構造、下部構造の関係さらに生産力や生産関係をどのように捉えていたのだろうか。まずその点から検討してみよう。いうまでもなく、マルクスは、人々の物質的生産諸力の一定の発展段階に対応した生産諸関係を措定し、それが、社会の経済的構造を形成し、実在的土台つまり下部構造をつくりだすとみた。そしてそのうえに、一つの法律的および政治的上部構造がそびえ立ち、さらに一定の社会的意識形態が対応するとした。これに対し、アロンはマルクスのいう、そうした区別自体がきわめて曖昧であるとみる。すなわち、その第一は、下部構造に位置づけられた生産諸力の中に、生産の技術的装置と不可分なものとして、科学的知識（観念、知識の領域）や集団的労働の組織（これは所有権などの法律と関係する）といった、上部構造部分をすでに含んでいること、そして第二は、生産諸関係の中に生産機構だけでなく、所有権等の法制ならびに階級も含まれており、この概念自体は、ほとんど社会全体、社会構造全体をも含意する、きわめて包括的な概念にまで拡大されていること、さらに第三は、果たして、何が生産諸力と生産諸関係の矛盾を構成するのかについて、十分、具体的に検証されていないという問題の指摘がそれである（A18 I－211～212）。

ところで、アロンの指摘は、マルクスの提起した概念の機械的な図式化に対する批判を含意しており、そのことはまた、現実社会を解明するにあたり、それら概念の創造的適用による理論の検証が、いかに重要であるかを物語っていることはいうまでもない。同時にまた、人間とその活動を意味し、それを含みつつも、かえって人間から切り離された概念が、自立化（物神化）することによって、人間はむしろ後景においやられ、不在となるという、恐るべき陥穽におちいる危険への警鐘をこのことは示していよう。だがいずれにせよ、彼は、マルクスの基本的概念を検討した結果、そこには明らかに独断的な解釈があるとみる。アロンの場合、いろいろな事象間で因果関係がみられるにせよ、それを一元的に捉えるのではなく、むしろ事象を変数として捉え、まずある変数を出発点として、どこまで他の現象が測定できるのかといった方法をとるべきであるとする。すなわち、それは諸変数（諸要素）間の相互連関に重点をおいた、機能分析的方法である。その結果、全体を支配するような単一の決定要素の原理をたてることに、あくまでも反対したのは当然といえる。

さて、このように彼の場合、歴史的な発展ならびに移行の結果として、産業社会を捉えるというのではなく、むしろ現代社会を解明するにあたり、より適合的な説明論理として、産業社会を設定するに至った。そこでまず、彼は、生産への科学の応用が産業社会の究極的な原因であり、同時に発展の本質をなすものとして捉えた。そして根本的に、機械化と生産性が工業化と経済の漸進性の究極的原因であるから、産業社会はそもそも科学的であると規定した。またさらに、産業社会として発展するためには、工業に不可欠な社会的機構や社会構造が移植され、人間の行動と制度の機能が産業精神と調和することが必要であるとも主張する。このように、彼は、産業社会を生みだす因として、科学的・技術的合理性を措定した。

アロンによると、産業社会は社会類型であることはすでにのべた。それゆえに、すべての産業社会は類型として、ますます似てくることが予想されるとはいえ、同じようになるとは限らないという。それは、経済体制、社会関係、政治形態、価値基準などといった、その内実面において同じではないからである。こうした彼の発想の根底には、進歩をどのように措定するのかという問題が、当然、伏在している。アロンはその点について、つぎの三つの概念を区別する（A17-8）。まず、全体あるいは一人当りの国民生産・所得の増加である成長、そしてその成長が経済全体に何らかの作用を及ぼす変化の結果である場合の成長としての発展、さらに発展が経済の究極の目的に対応する場合の発展としての進歩がそれである。これら三層（成長―発展―進歩）の中でもっとも基点となる成長こそ、彼は本質的に経済主体の態度いかんによると捉えた。そしてその態度は、科学と技術の精神、経済計算の精神、漸進と革新の変化の精神の三つより成る、いわゆる近代産業文明の精神によって支えられるものであるとしている。しかも、その精神を発展させる条件として、土地制度、税制等の制度の枠と資本、人口の様態をあげ、それら精神が種々の条件を介して作用することによって、成長、発展、進歩に関係するという論理を示す。このように、経済主体に裏づけられた生産・所得の変化を指標とし、その成長に伴い、やがて経済・産業構造全体に波及していく発展が、その経済社会の目的に果たして、どのように照応するのかといった面において、やはり進歩が問題化せざるをえないというのが、その論理である。

ところで、産業社会は、それに内在的な究極性をもたないと彼はいう。その意味において、指導的エリート層が、究極性を既定のものとして、それをあたかも国家の目的と同一化させるために、国民の生活や精神を強制的に統制するような社会（例えばソヴィエト体制）は、アロンにとって耐えがたいものであった。つまり、究極性や目的が先験的に設定されているような社会は、人間を隷属化させるしかないからである。それゆえ、彼は、科学的・技術的進歩のたどりつく結果、進歩によって新しくつくりだされる社会の様子、その社会に生きる人間の状態にこそ注目すべきであるという。彼は経済が目的とすることをつぎのようにのべる。それは、人類の基本的な貧困の問題を解決し、できるだけ多数の個人に人間の条件を保証することであると（A13-74）。だがしかし、産業社会は、そうした目的を果たすものとして出現したというのでなく、そもそも、その目的達成は、人間の行為いかんによるのである。アロンにとって、基本的問題もその点にあることは疑うべくもない。

そこで、つぎに検討すべきことは、産業社会の具体的な特徴との関連で、以上のような問題をさらに考察する点にある。アロンはまず、産業社会の特徴としてつぎの諸点をあげる（A13-87～89）。①企業と家庭の分離、②企業による分業方式の採用、③資本の蓄積が前提、④合理的計算という観念、⑤労働者の職場集中、の諸点であるが、それらと関連して、労働者組織のあり方（組織としての自律性の程度）ならびに生産手段の所有形態（私的所有か国家所有か）が、当然、問題となることを指摘する。つまりこのことは、労働者、企業、国家の三者の相互連関のあり方を視野に入れた、経済全体の総合的把握が必要とならざるをえないことを物語る。それは、具体的に企業のあり方、経済活動の精神もしくは動機そして調整の方式もしくは経済体系の機構のあり方、さらに、経済体系における国家の諸機能ともろもろの個人の創造的役割の四つの側面から、経済全体を総合的に把握する必要性のことである。この点からみると、西欧社会の経済とくらべ、ソヴィエト体制の経済にはつぎのような問題点が明らかとなる。多様な所有形態にもとづく十分な分業の展開がみられず、世界経済とも断絶していて、国内外における調整機能も働かず、また国民資源の分配における消費者による支配的な影響力も及ばない上に、国民は低い生活水準におかれており、さらに国家管理から自律した労働組合も存在していない現実が問題として指摘される。その結果、アロンは西欧社会の経済のほうがより優位であるとみる。だがしかし、すでにみたように、現代の産業社会の場合、理念は平等主義であるとはいえ、組織は、ヒエラルヒー的である現実が生みだす、いろいろな問題をアロンがどのように考えていたかについて、私たちはやはり無視することができない。

(3) 産業社会の問題

経済の発展に伴い、コーリン・クラークやフーラスティエらのいう、第一次から第二次、第三次へと産業部門が漸次、その重点を移すにつれて、知的・専門的な雇用者層の比率が高まる産業社会において、アロンのいう一層、階級組織的な構造が生みだされてきた。その結果、人間が生きている実態と生きるべき理念との間の格差を埋めるためのイデオロギーが、現代では、ますます必要となってきた。そしてまたさらに、産業社会の場合、法律上は平和的でありつつも、事実上は好戦的たらざるをえないという構造的矛盾をはらむに至った(A13-286)。こうした現実こそ、二〇世紀における個人・組織間ならびに国家間の経済的利害をめぐる、激しい競争と闘争（戦争を含む）の実態の中にみることができる。アロンは、確かにそうした実態を直視し、産業社会の抱える問題の所在に迫ろうとした。

理念としての平等主義は、ともすると後背に退きながら、それは否定できないとしつつも、実際、産業社会は、分化・成層化にもとづくヒエラルヒーと競争によって成り立っていると彼は指摘した。すなわち、それは、産業社会における三重の異質性に帰因している。第一は、分業から生じる異質性、第二は、さまざまな個人間の富と力と威光の格差による異質性そして第三は、全体社会の内部で構成される互いに対立しあうグループの複合性から生まれる異質性の三つがそれである。そしてその現実的姿は、人種や民族間の差別・対立のみならず、社会階層間の差別・格差や学歴などの教育上の不平等などとしてたちあらわれている。その場合、そうした現実に対するアロンの観点は、基本的につぎの二つの政治イデオロギーと対置していることはいうまでもない。すなわち一方で、階級なき社会へ向けての弁証法的運動、他方での大衆とエリートの永遠の分裂という、二つの歴史哲学上の観点は、現代のもっとも強力な二つの政治イデオロギー、つまり共産主義とファシズムに見いだされると彼はみる（A30-112）。そしてそのイデオロギーの論拠をそれぞれ、マルクスとパレートに求め、双方をともに批判する立場にたつ。

このように産業社会では、社会・職業的差別の痕跡がなくなることもなく、また所得、威信、権限のヒエラルヒーもなくなることはない。だが近年、社会諸階層間の格差も狭まり、諸階級間の境界線も不鮮明になってきていると彼はいう。つまり異質性はありながらも、生活様式や消費形態などの面で同質性がみられるようになった事実を指摘する。しかし、それを証明するように、確かに中産階級の増加や所得の不平等性が減少してきたとしても、そのことが、生活・思考様式まで同質性をもたらすことはないとみる(A20-96、A30-19)。アロンにとって本来、現代社会は個人の役割、知的活動および社会的実存の間で、ますます差異を増大させるものであるから、いまさら、そうした事態を克服しようとして、失われた統一性への郷愁を抱くこと自体、むなしいことなのである。したがって、人々の強制的同質化(ファシズム)も統制的平等化(ボルシェヴィズム)もともに、社会的統一性をはかろうとする不条理な試みとしてアロンに映ったのは当然といえる。彼はいう、マルクス＝レーニン主義は、西洋の民主主義のベールに隠された階級闘争を暴露することを主張する。一方、西側の体制は、階級対立のない社会という虚構に隠された、絶対主義あるいは全体主義を暴露すると(A20-97)。こうした状況下、産業社会をめぐるイデオロギー闘争が激しくなればなるほど、かえって、産業社会の構造把握のあり方に対するリアルな洞察が求められていたことはいうまでもない。

とはいえ、その意味において、一九五〇〜六〇年代にベルやリプセット、シルズらによって主唱された、階級対立の消滅によるイデオロギーの終焉論に、アロンはただちにくみしたわけではない。むしろ彼は、世界史の解釈にあたって、一律不変のシステムの強制に対する懐疑ならびに産業社会のもとでも、ゆるがない自由と民主主義の原則にこそ、イデオロギーの終焉の意味があるとした（A15-71〜73）。だが、一九七〇年代以降の現実は、激しいイデオロギー対立のもと、人々はイデオロギーへの不信を強めつつも、それへの依存を強いられていく状況にあると彼はみた。だが、事態の推移をみる限り、いずれイデオロギー体系の消滅の可能性を彼は予想していたことは確かといえる。

さて、ヒエラルヒーと競争より成る産業社会の進展は、家族や地域そしてマス・メディアによる文化などの、社会・文化的諸局面にどのような変化と問題点をもたらしただろうか。アロンによる、こうした問題の究明は、きわめて社会学的である。まず第一に、経済的機能のみならず、宗教的・教育的・福祉的などの諸機能をだんだんと失ってきた家族は、制度的安定性の喪失の代償として、愛情にもとづく家族内の凝集力で補う傾向を強める。そしてまた、家族による社会化機能は、家族外における社会化の諸側面（学校、教会、マス・コミュニケーション）と結びつきながら変化してきた。その結果、産業社会における階層分化に伴う、学歴差などの教育上の不平等が表面化する中で、むしろ、家族内外の社会化は、ますます重要な機能となる。つまり、それは教育の不平等性を合理化するための社会化機能としてである。そして第二は、経済成長によって、社会階層間の分離にもとづいた都市住民の空間の分割が、一層、明らかとなるような事態のもとで、地域における家族間関係も弱まらざるをえないという問題である。この点についてアロンはつぎのようにのべる、自分の住む町への無関心、私的な家族生活への退行、こうしたことは、民主的社会における大部分の人々の運命であると（A20-215～216）。これらの指摘は、現在の日本でも十分、妥当することを指摘しておこう。そして第三は、社会化の道具として大きな影響力を増しつつあるマス・メディア（ラジオやテレビなど）による文化の面で、高度の資質の価値を消滅させるような、いわゆる大衆化がいまのところ必然的にもたらされるとはいえないとしても、アロンは今後の動向に注視すべきであるとしている。そしてむしろ、マス・メディアに限らず、生産手段や生活手段の高度化などに象徴される、技術的あるいは科学的社会の出現によって、価値の分化と知的水準の階層分化が促進され、彼のいう知的不均等のインパクトがより一層、大きくなるといった問題が注目されるに至った。当然にもそれは、労働や消費、レジャーのあり方に関する問題を生みだすことになったからである。

確かに、新しい生産技術や管理技術が人間の労働を縮小させはしたが、創造的行為を遂行できるのは、ほんの少数者に限られている。そして大多数の労働者にとっては、巨大なヒエラルヒー組織のもとで、非人格的業務に向きあいながら、しかも競争関係の中で仕事の意味も十分に自覚することもなく、一様に日常生活をおくらざるをえなくなってきている。アロンにとって、こうした状況下で生みだされる労働者階級の不満感と孤立感は、現実の産業的秩序と不可分の関係にあると映じた。彼はいう、法の前での平等、あらゆる職業に対する万人の接近可能性は、民主主義的理想を現実化するが、戦略的地位におかれた少数者の手に政治的権力が、見かけ上または実質的に集中化するのを排除することはできないと(A20-247)。そしてこの点をふまえ、彼は、民主制と寡頭制との対立関係を問題にしながらも、そもそも、寡頭制はつねに普遍主義的原理と産業組織にまつわる、ヒエラルヒー的支配秩序の必要性との不完全な妥協の産物であるとみた(A20-248)。このことは、いみじくも、生産や組織の合理化に伴う、労働の疎外といった問題を私たちにあらためて提起する。だがしかし、アロンは、その問題解決への道筋を必ずしも明らかにしているわけではない。いずれにせよ、労働者にとって、仕事は単に生活の手段とみなされる場合、欲求充足の方向は家族(愛情に凝縮された)あるいはレジャーに求められることとなる。だが、自由な時間をすごすはずのレジャーといえども、一定のやり方で時間をつぶすように、われわれには強いられている現実がある。例えば、テレビのクイズ番組にみる競争と運を含んだゲームやまたスポーツを楽しむことも同じように、人々はいまや、レジャー行動における他律性を強め、自律的にレジャーをすごす機会を失いかけている現実が指摘される。

アロンは、疎外を複合組織ならびに過密的社会において、合理化された技術がひきおこす遍在的な脅威の産物であると規定し、産業社会と不可分な関係にあるとみた(A20-302)。したがってまた、彼は、産業的秩序にもとづく社会の場合、必然的に、一定の敗残者を生む現実をも指摘する。ではこうした論理にたつアロンの産業社会観の基底には、果たしてどのような思想が伏在しているのだろうか。私たちは、やはりそれを問う必要がある。彼はいう、もっとも豊かな社会をも含めて、すべての社会は、それが必要とする人間を養成し続けるが、いかなる社会もその公言される目的にもかかわらず、すべての人が個人的潜在能力を完全に実現できるようにする必要はない。また、すべての人がもっとも好都合な環境におかれることはありえないと(A20-258～259、傍点はアロン)。このようにみてくると、彼が生産も消費もそれ自体が目的ではない、生産は物質的な安寧ないし勢力の手段であり、物質的な安寧は良き生活の必要条件であるといっても(A20-432)、それを享受できるのは一定部分の人々に限られるということになる。したがってまた、非常に大きな生産能力を発揮し、すべての人間に不可欠な最小限のものを保障するのに必要な手段をもつ社会に、かくも多大の貧困が存在するということは良心に対する侮辱である(A20-476)と、アロンがいうとき、それは果たして、一人の知識人にとって、単に良心の問題へと矮小化していいようなものだろうかという問題がやはり浮び上る。

　アロンが指摘してきた事実に関していえば、そこには、産業社会が生みだす貧困、不平等や疎外などの経済的・社会病理的な問題などが、明らかとなる。だが彼のいう、自分たちがつくりつつある歴史を決して知ることのない人間にとって、そうした現実の問題に対する認識は、果たして、どのような意味をもつことになるのだろうか。この点についてさらに検討してみよう。産業社会に関する彼の論理をみると、そこには、国民生活に限った場合でも、一方で、西欧社会が形成してきた諸制度や組織などの改革の事実を重視する面が看取できる。例えば、普通選挙権をはじめ、社会保障の整備、教育機会の増大、労働組合の強化、経済的不平等を縮小するための所得再配分、コミュニケーション手段の普及などである。ところが他方、そうした諸事実との関連で以上のような問題を改善・解決する方途をさぐりだそうとした場合、アロンは、きわめて抽象的・一般的論述に終始するという特徴を示す。すなわち、彼の場合、社会全体の歴史は、技術が受けもつ対象であったことは決してなかったという観点にたちながらも、技術がなした業績、文化の多様性および道徳的自覚の三者の相互関係から、社会の歴史的弁証法は生れると主張する。そして現実の産業社会にもとづく現代文明に内在する三つの価値、すなわち平等、個性、普遍性こそが、きわめて重要となるという。つまり、それら三つの価値は、ギリシヤ神話になぞらえていれば、自然によって与えられた条件に満足せずに、環境を改造し、自己の運命を開拓し、生活をより充実したものにしようとする人間の思想と行動を示す、プロメティズムとよべるような現代の究極的なインスピレーションに従属することになろうというのである（A20–477～478）。とはいえ、アロンの場合、それらの価値がインスピレーションに従属することによって、どのような形でたちあらわれ、いかなる歴史過程を歩むことになるのか、といった点は不確かなまま残されている。やはり、彼にとって、未来の社会は全人類がつくるのであり、その多様な特徴を予測することは、誰もできないのである。

このように、アロンの論理には、一方で、産業社会における具体的な変化と問題の剔出にもとづく、すぐれて現代社会の診断的側面がみられる。だが他方で、歴史発展の将来像は、きわめて抽象的・一般的な理念・価値の提示にとどまる。しかもまた、両者を接合させる方法が欠落している。このことは、社会の究極性や目的の措定を徹底的に排除しようとする歴史観にたつアロンからすれば、当然の帰結ともいえる。だがしかし、それは、哲学に傾斜した歴史学の限界ともいえるわけで、私たちにとって、社会科学としての歴史学の立場から考えようとした場合、歴史的変動の論理をふまえた具体的な社会分析は、不可欠な作業であることはいうまでもない。

3　知識人・イデオロギー批判と自由の問題

(1) 知識人とイデオロギー批判

産業社会の展開を問題にしようとした場合、アロンにとってそれは、西欧社会とソヴィエト体制とを比較・評価することによる体制分析だけでなく、西欧社会の優位性にたった、ソヴィエト体制に対するイデオロギー批判を当然にも含意していた。もとより、彼によれば、両者の体制間の対立は、社会経済的領域では、目的より手段にもとづくものであり、したがって両者の真の対立は、人間が自由に自己の使命を考えることのできる権利をめぐって存在しているか、どうかということになる。そこでつぎに検討の対象となる領域は、そうしたイデオロギーと深く関わる知識人（インテリゲンチャ）のあり方ならびに、当該経済社会の存立に関わる正当性の不可欠な要素である、自由、民主主義のあり方に関する問題である。

アロンがこの問題にとりくんだ頃は、一九五〇年代から六〇年代前半にかけての、いわゆる米ソ両大国間の冷戦構造がもっとも激しさを増していた時代であった。朝鮮戦争、アラブ、イスラエル戦争の勃発そして米ソ両大国による原水爆実験ならびに原水爆保有宣言、北大西洋条約とワルシャワ条約の締結やベルリンの壁構築さらにアメリカによるキューバ海上封鎖など、その後長期にわたる二大国陣営の対立・緊張が一段と加速・深化する時期であった。いずれにせよ、ファシズム体制の崩壊や植民地体制の解体とともに、二大国陣営間の対立が一層、深まるこの期において、ますます問題化したことは、政治・経済体制のあり方だけでなく、自由、平等、民主主義といった、文化・価値的な側面をも含む、人間の存在に関する課題であった。対立・抗争と混乱が渦巻く戦後の状況下、人々は、日常生活にあえぎながらも、むしろ自分たちの今後の社会のあり方と関わらせて、自らの生の証しをどのように証明したらよいのか、という問いかけの回答を当然にも求めていた。したがって、そうした要求に対し、世界の状況をみつめ、将来を志向した、総体的・体系的な解釈を流布し、伝達する機能への関心が、ますます高まったことはいうまでもない。いわゆる時代の危機の深まりに照応した、世界観をめぐるイデオロギーの機能がそれである。

そこでアロンはまず、ボルシェヴィズムといわれるソヴィエト型社会体制の現実を是認する、いわゆる知識人のあり方を批判する作業にとりかかる。彼はいう、民主主義のもつ欠点に対して容赦はしないが、正しい教義という名のものとに犯される最悪の犯罪については目をつむってしまう知識階級とは、一体、何者なのかと（A6-7）。アロンによれば、自国とその制度とを判断するに当って、現在の現実と別の現実とを比較するというやり方でなく、その現実と理論的な理想とを比較するのが知識人の特徴である。つまり、ある程度、現実を反映し、現実から抽出されたとはいえ、結果的には、現実とは別の独自な観念的な理念の体系が、知識人によってまず導きだされる必要があった。その結果、そうした理念の体系としてのイデオロギーとは、社会および歴史の多少とも体系的な解釈であり(A20-431)、それは価値の体系を包含し、達成すべき改革、恐れなければならぬもの、希望しなければならぬ大変動として示されたのである(A6-325)。そうしたイデオロギーの果たす役割について、後述するように、ソヴィエト体制を対象にしてアロンは、まず問題にしたのである。

ところでマルクス主義は、現在まで世界的にも諸分野においても、きわめて大きな影響力をもち続けてきた。西欧とくにフランスの場合でみると、すでに一九世紀後半において、マルクス主義の諸要素を理想主義的な形而上学と改良主義的情熱とに結合したジョレスの思想が、左翼の知識人層の間でほぼ同意されていたという背景があった(A6-11)。このことは、時代の危機意識の深まりに伴い、資本主義社会に対する現実的批判という側面よりも、むしろ、将来的な社会変革への展望という予言的側面に力点をおいて、マルクス主義が捉えられた結果、哲学や神学などの諸分野とマルクス主義が一定の親和関係を生みだしたことを物語っている。この点に関し、アロンはまた、歴史の通俗化された神学の場合、それは、社会が移り変っていく方向とわれわれの理想を達成しうる、恵まれた状態との間の一致を自明の前提としているという(A6-185)。そこには、現実から理想への移行に関する、すぐれて観念的な楽観主義が想定されている。その意味において、先述のイデオロギーは、いわば、存在から当為への接合のあり方を、いかなる過程をたどるにせよ合理化し、意味づけ、体系化する機能をますますもつことになった。

さて、知識人の任務が、イデオロギーをつくりだすことであるとした場合、それはどのような背景のもとでそうなったのだろうか。アロンはその点について、知識人のおかれた状況の違いに着目しながら、興味ある分析を試みている。まず西欧の場合、知識人の立場は、教会ならびに支配階級との二重の関係によって大きく影響を受けたと彼はいう。その点につき、イギリスとフランスを比較してみよう。イギリスの場合、一六から一七世紀にかけて、宗教改革の進展と市民改革を経過し、一八世紀には、そうした土壌のうえにすでに二大政党中心の政党責任内閣を生みだす代議制が定着し、そしてさらに、それはヴィクトリア女王時代（一八三七〜一九〇一年）に黄金期をむかえるに至った。この政党―議会制度の漸進的な進展のもとで、知識人層は、とくに教会ならびに支配階級と不断の抗争を経験するようなことがなかったといえる。これに対し、フランスの場合、中世末期にすでに国内の教会を王権のもとにおくという、いわゆる、国家教会の制度が教皇の許可のもとに成立していた。だがその後、新教徒に個人の信仰の自由と政治上の平等権を与えたナントの勅令（一五九八年）も、一七世紀後半にルイ一四世によって廃止されて以降、国家教会の制度のもと、王権とカトリック教との結びつきは一段と強まっていった。他方、そうした背景のもとで、王権＝教皇権に対する有産階級（ブルジョアジー）の反発やまたそれら勢力に対する社会主義勢力の反抗など、一九世紀におけるうち続く革命と動乱（七月革命、二月革命、パリコミューン）にみられる、国家の統治構造をめぐる激しい勢力抗争に注目する必要がある。栄誉あるフランス革命後の、こうした政治的動乱の事実こそ、フランスの知識人に深い影響を及ぼしてきたことはいうまでもない。その結果、当時、近代的な政治・経済的諸制度を定着させることのできなかったフランスの場合、しかし人間の平等、市民の自由、科学と研究の自由、革命と進歩、自決権と歴史的楽観主義といった、欧州の左翼の典型的なイデオロギーを入念に仕上げることに知識人層は固執したとアロンはのべる（A6-292）。このことが、人類全体のために論ずるのになれており、世界的な役割といったことに野心的なフランスの知識人の特徴を一層、浮び上らせたといえる（A6-291）。こうした宗教改革、政治体制や経済構造、階級闘争などの相異によって、当面の解決課題への知識人の対応上の差異が明らかとなる。知識人の特質に関し、もし簡潔に両者を対比した場合、イギリスにおける経験にもとづく実用主義に対し、フランスにおける理念にもとづく規範主義とでもいえよう。したがって、とくにフランスの場合、思想や信条上の観点からつねに論争が生みだされ、それは、政治的態度へと収斂することによって、ますますイデオロギー化せざるをえない傾向が指摘できる。

以上のような知識人のあり方に関し、たびたび日本を訪れたことのあるアロンにとって、日本とフランスの知識人像はきわめて興味ある問題であった。その点について若干ふれよう。彼は、両国とも知識層が国家から期待するところと国家が現実に知識層に提供しうるものとの間に不均衡が生じるに至ったという(A6-296)。その結果、両国においてかなり共通する態度がみられる点を指摘する。つまり、双方とも〝進歩的な〟思想体系に賛成であり、双方とも〝封建主義者〟を非難し、双方とも経済計画性と生活水準と合理化を夢想する。彼らがアメリカニズムを憎悪するのは、自分たちが、米国の力によって自尊心を傷つけられているからであり、イデオロギーのうえからすれば、その進歩に拍手をおくらなければならないはずの一般大衆によって、自分たちの価値がおびやかされていると感じているからにほかならない(A6-297)。市民社会の成熟度がかなり異なる両国で、何故、このような共通性がみられるかについては、さらなる検討が必要となろう。

だがいずれにせよ、進歩と自律を求めつつも、一般大衆との差異を強く意識しながら、また支配者層との関係における対立、無関心、適応などの多様な面で激しく揺れ動く不安定な存在としての知識人層が、そこには確かにみられるかもしれない。したがって、そうであればあるほど、知識人層は、自らの存在証明の一つとして、イデオロギーの創出に関わらざるをえないことにもなる。アロンはいう、フランス革命の礼讃、お高くとまった抽象への傾向、イデオロギーに対する趣味、国々の運命を支配する、やっかいな現実に対する無関心こそ、フランス知識人の特徴であると(A6-301)。

これは彼自身の自己批判をも含意していよう。すなわち、冷戦構造が深まる中、どうしたら戦争を防止し、平和を維持できるかといった、現実認識を欠落させた観念と抽象レベルの他者礼讃（つまりボルシェヴィズムに対する）をこそ、問題視する必要性をアロンは自らに課したからである。

それでは、アロンによってソヴィエト型社会体制とは、果たしてどのように捉えられていたのであろうか。彼はいう、マルキシズムの予言は、発展の型を聖なる歴史（階級のない社会をその到達点とする）へと理想化する。そして共産主義は宗教というよりは、国家正教へと組み立てられたイデオロギーの中に宗教の代用品を見いだそうとする政治的試みであると（A6‐331・335）。すなわち、想定された至高の目標（階級のない社会）は、絶対的価値として位置づけられることにより、むしろ、その目標をめぐる、さまざまな討論の場は失われ、それは科学的論理の対象としてよりは、宗教的信仰の対象へと転化する可能性をもつ。またさらに、アロンによれば、共産主義とは、党の崇拝と革命国家の手で巧みにあやつられた、解釈的スコラ哲学と闘士に課せられた訓練や規律を通して言葉と行動のドグマに変えられたイデオロギーである（A6‐317）。とはいえ、異端を排除しつつ、独善的に自己規定した歴史の正統な王道を論拠づけるスコラ哲学と、その実現をはかるための、ドグマ化された共産主義のイデオロギーだけでは、必ずしも人々を動機づけることができないのはいうまでもない。そこでスコラ哲学・イデオロギーと結びつけられた宗教的感情が、当然にも必要となる。

すなわち、宗教的感情は、プロレタリアと歴史への信仰、今日は苦悩の道を歩んでいるが、明日は世界を相続する人たちに対する愛、未来が階級のない社会の出現をもたらしてくれるという、希望などを内容とする、前述の目標によって動機づけられる必要があるからである。このように、一元化した目標と硬直化・集権化した国家機構のもと、人々を一定の方向へかりたてるために、必然的にその社会は全体主義・国家主義的な傾向を強めざるをえなくなる。自由な討論の対象外とされた国家公認のイデオロギーあるいは、真実が打ち立てられることで生みだされる全体主義は、また市民社会を吸収してしまった(A29-143)。

それではここで、アロンが紹介した驚くべき独断主義のイデオロギーの典型として、メルロー＝ポンティの言葉をきくことにする。メルロー＝ポンティは、『ヒューマニズムと恐怖』の中でつぎのようにのべている。詳細に検討すれば、マルキシズムは、明日はまた他のものと取り替えることができるような多くの仮設の中の一つというようなものではない。それはまさしく、それなくては人間の間の互恵関係という意味での人間性はありえなくなり、歴史における合理性もなくなるような条件を単純に述べたものである。ある意味でそれは、一つの歴史哲学ではなくて、歴史哲学そのものであり、これを承認することを拒否するのは、歴史的理性を抹殺することである。そんなことをすれば、後に夢か、それとも目的なき冒険のほかは何も残らないであろう(A6-130)。また、メルロー＝ポンティ以外では、すでに第1章でふれたサルトルの他、アルチュセールがイデオロギー批判の対象としてとりあげられた。アロンによると、アルチュセールの場合、資本論をマルクス主義の中心にすえ、歴史の科学すなわち、あらゆる人間主義や歴史主義を除去した、いわば歴史の永遠性の科学・スピノザ的科学であると考えたという（A28-624）。とくにアルチュセールは、構造化された全体としての生産様式を多数の審級間の関係として、つねに共時的に捉えたために、それは、物語なき人類の歴史になりさがったと彼は批判した。ここにも、マルクス主義の絶対化が一つのイデオロギーへと化す典型事例が示されている。

アロンの目には、このように自由、民主主義を基礎とした市民社会そのものを、聖化された目標のもとで国家が包摂・従属化することによって、人間社会の存立が危機におちいりかねないという現実が、強く認識されていた。歴史的発展を経済的社会構成体の移行とみるか否か、あるいは移行とみるとした場合、どのような段階的移行として措定できるのかについては、多くの議論すべき問題がある。だが少なくとも、アロンが前述のように共産主義、とりわけソヴィエト型社会体制の現実を厳しく批判する背景には、彼の歴史観がその基底にある点を指摘する必要がある。つまり、それは、アロンのいう、プロレタリアートの観念論者は、ブルジョア的インテリであるということに関してである。モンテスキュー、ヴォルテールやルソーなどに依拠したにせよ、ブルジョアジーは旧制度《アンシャン・レジーム》とカトリックの世界観に対立する政治的秩序としての理念を打ち立て、それらは人間社会の改善へ向けての制度・組織として一定の実効性をもつに至った。だがしかし、プロレタリアートは、いまだかつて、ブルジョアジーと対立した世界観をもったためしはなく、そこには、プロレタリアートとして、将来あるべきイデオロギーがあるにすぎないとアロンは捉えた(A6-362)。その意味において、二〇世紀の革命は、プロレタリア革命ではなく、インテリによって考案され、実行されたものなのである。アロンにとって、歴史的に試され、実効性のある実体としての世界観に対し、イデオロギーはいまだ、その段階に達していないものなのである。しかもまた、その担い手が、真の意味におけるプロレタリアートではないという事実が指摘される。この点は、イデオロギーがどのような過程を経て、世界観に達することになるのか、といった問題をあらためて私たちに提起する。

ところで、いまだ実質的にプロレタリアートによってつくりだされた世界観はなく、せいぜい、ブルジョア・インテリがつくりだしたイデオロギーにすぎないと彼がいう場合、それをつくりだすことが今後とも不可能ということではない。ただ、現時点では予想できないというのが彼の立場である。むしろ、ここで問題なのは、歴史的に蓄積されたプロレタリアートとしての力能が、いまだ不十分なもとで、ブルジョア的知識人による強引なイデオロギー的誘導がもたらした帰結として、ソヴィエト型社会体制の現実があったという事実である。かつてマルクスは、人類発展の三段階として、第一に生産性の低いもとでの人格的依存関係から、第二に物的依存性のうえにきずかれた人格的独立性にもとづく、近代資本主義社会の形成、そしてやがて第三に、諸個人の普遍的な発展のうえに、また諸個人と社会的力能としての彼らの共有的・社会的な生産性を従属させることのうえにきずかれる、自由な個性の展開に基礎をもつ共産主義社会を展望した（B11-79）。そこには、私たちにさまざまな知的想像をかきたてる壮大な歴史観がある。だがしかし、資本主義社会から共産主義社会へ至る契機として、まず一党独裁のもと、生産手段の国有化（ならびに共有化）による計画経済でさまざまな自由の剥奪を伴う、国民生活への強制をはかったソヴィエト体制のあり方は、果たして、それしかない歴史的な選択だったのだろうかということが問題となる。それしかないのではなかったことは、当体制の崩壊によって証明された。それではつぎに、政治・経済的諸条件にとどまらない、人間社会の存立にとって不可欠な要件である、自由、民主主義といった、いわゆる文化・価値的側面の検討に入ろう。

(2) 自由・民主主義の問題

ソヴィエト型社会体制では、人々の理念的解放なくして、現実的解放はありえないという観点が、当初より貫かれてきたとアロンはいう。すなわち、失業の危険はなくなったが、同時に職業や作業場所の選択の自由、組合指導者や政府の選挙の自由は消失した。そして国家に従属し、労働者の権利のためというより、労働者を余計に働かせる任務をおった労働組合の存在の他、プロレタリアートは、ともに生産手段の所有にあずかるようになったとはいえ、同時に追放の危険、労働手帳の圧制あるいは管理者の権力からは逃れられないなどの現実こそ、プロレタリアートにとっての理念的解放の内実であると、彼は指摘する。その結果、西欧にみられる生産の上昇に伴う労働者の報酬の増大、社会立法による家族や老人の保障ならびに労働組合が雇用主と労働条件について自由に意見をたたかわせたり、教育の伸長が、進歩の機会を増大させるに至ったという諸事実は、ソヴィエトの場合、むしろ前者とくらべ、二義的な意味をもつ現実的解放として位置づけられた。つまり、理念的解放のために現実的解放は犠牲にされてきた事実をアロンは指摘した。

ところで、理念的解放を正当化する根拠は、前項でもふれた産業のあり方と深く関連していることはいうまでもない。すなわち、ソヴィエトの場合、産業発展の基礎にまず工業部門をすえ、なかでも、生産財生産部門を最優先させ、この部門の生産力の高まりに応じて、消費財生産部門の展開をはかるという方法をとった。そして工業以外の農林業など他産業部門は、どうしても副次的に位置づけられた。その結果、工業と他産業部門間の格差だけでなく、生産財生産重視に伴う消費財生産の停滞は、かえって国民生活に不可欠な消費物資、住宅などの生活資料・手段の不充足や運輸通信などの諸サービス部門の不整備による、経済効率の低下などの問題をひきおこすこととなる。硬直化した計画経済のもと、階層的分化は進行し、さらに、なかなかよくならない生活水準に対する国民の不満は、一層、高まらざるをえなかった。つまり国民にとっては、それまで潜在化していた現実的解放への要求が、だんだんと顕在化することによって、むしろ理念的解放の虚偽性が明らかになる可能性が強まったといえる。その意味において、前述の二つの解放の関係を、あらためて自由・民主主義の原則から再検討する必要が生じてきたことは確かといえる。

一九世紀以降、民主主義が人民の意志を僭称して、個人の自由や代議政体を抑圧する名義上の目的のために使われた経験があるという点で、アロンは、フランスにおいても民主主義と自由の離合の歴史があったとみる（A15-14）。そこで、トクヴィルが、アメリカ社会を対象に分析した民主主義と自由との結合のあり方は、彼にとって重要な関心をひいたことはいうまでもない。そして問題となったことは、民主主義と自由とが、単にパラレルな関係にあるのではなく、民主主義は目的としてよりも、むしろ、自由を擁護するための手段として重要な意味をもつということであった。そこでアロンは、近代国家が、ノモクラシー（nomocratie）としての法の支配から、一定の目的の達成をめざすテロクラシー（télocratie）としての目的の支配へと変化してきた事実に着目した。つまり、その変化に伴い、目的としての経済成長を促進させるために、ヒエラルヒー的な組織編成の効率が重視され、その結果、ともすると、少数者専制に対する、人々の警戒心がうすくなってきた事態に、彼は注視した（A15-83）。すなわち、ファシズムや共産主義にみられるように、民主主義という名目で確立された政治体制のもとで、人間にとって不可欠な自由が消失する危険があることをアロンは指摘した。

さてつぎに、焦点である自由の問題にうつろう。アロンによれば、自由とはまず、人身の自由、ならびに精神の自由それから専制に対する法の保護、さらに選ばれた代表者を通じての市民の国事への参加などである（A15-29）。その他、一定の条件のもとで、あることをする自由の広範な内容も含意されている。そしてまた、以上のような個人レベルの自由だけでなく、集会結社などの集団的な組織が他者との関係においてもつところの自由も指摘される。もとより、こうした自由を考えた場合、当然にも、自由を裏づける人間としての権利が、前提となっていることはいうまでもない。したがって、アロンもいうように、権力と自由との間における弁証法的な関係は、権力に対する闘いを通して、諸権利を獲得してきた人々の歴史的過程のうちに、明らかにみてとれる。彼はいう、自由に関し、歴史的にみた場合、まず、封建時代の制度的な特権的諸自由権と、それから市民的な諸自由との間における弁証法的な発展の論理があり、そしてさらに、市民的な諸自由の相互の間における弁証法的な関係が生みだされてきたと（A15-180）。

　ところで、現代の産業社会の段階に至り、自由の問題も、そうした形式的側面のみでは捉えられなくなってきた。アロンによると、マンモス会社による経済運用の現実化、ならびに国家のリヴァイアサン的様相の強まりを特徴とする現代を考えた場合、いわば、技術・組織的合理化の進展に伴う、産業社会の抱える問題との関連をぬきに、自由の問題を考察することができなくなってきたことが注目される。そうした特徴の一つである国家のあり方などに関し、彼はつぎのように指摘する。国家が、次第次第に各種の管理の機能を摂取し、かくして行政機構は、日増しに大きく強力になり、一般の世のなかの人々にとっては、それこそ、はかりしれないような神秘的な能力の存在となってきた。そしてさらに、世論のさまざまな傾向を代表し、実質的な調停者としての役割を果たすべき政党の機能が低下するといったことも問題となってきた（A15-146）。科学技術の発展・組織の大規模化と管理強化は、同時に、社会を一層、ヒエラルヒー的に、再編成せざるをえない。その結果、再編成に伴う階層的分化によってひきおこされる生活上の差異の増大は、タテマエとしての平等の内実を掘りくずしかねないという問題が重要となってきたといえる。例えば、職業、身分を選択する機会がふえているだけに、労働者の息子といわず、農村の子弟といわず、彼らが権利とみなすところの自由がないことを不満とする気持は、ますます、強まりつつある事実をアロンは指摘する（A15

168)。このことは、平等の実質性と深く関わる実質的な自由のあり方を、私たちにあらためて問いかけることとなった。

アロンは、その点につき、あることをする自由があるというのと、それをする能力があるということとは、根本的に区別すべきであると主張する。つまり、このことは、マルクスがすでに、ブルジョア的で形式的な自由に対比した実質的自由のあり方として問題にしていたことである。そこで彼は、実質的自由がない場合としてつぎの諸点をあげる(A15-180~181)。第一に、労働者はある最低限度以下の生活の資しか得られない場合、第二は、市民が政治的生活において、選挙という媒介手段を通じてでなければ、国家と交渉をもちえず、また政治を利用することができない場合、第三は、個人の人間は労働の分業の完全な奴隷であり、自己の労働が果たして、どういう役にたっているのか、よく知らされていないこと、第四は、資本主義経済のもとでは、金銭が帝王である。その媒介物の排除なくては、他者との真正な接触をとりもどせないこと、第五は、労働はつねに必要の世界を離れることができないので、自由が開花するのは、もっぱら閑暇を得たときである。いいかえれば、経済的保障、実質的な政治参加や労働疎外の克服そして貨幣に媒介された物的依存性にもとづく人間関係の改善、さらに自由時間の確保といった、すぐれて現代的課題との関係において、実質的自由はどのように実現できるのかという問題を、これらは示唆している。こうした点をふまえロンは、実際、お金がないために学校へ行けない場合を例にとりあげ、実質的な自由とは、学校へ行くことのできる条件を充足した能力に相当するものとして捉えた。

階層的ならびに生活条件での差異にもとづく不平等のもと、自由を行使・享受する機会の平等をいかに確保するかは、いうまでもなく、それを保障する制度や施策の実効性に関わる問題である。アロンは、その点について国家がなすべきこととして三つをあげる、まず、全体の富が許す程度の品位ある生活ができるような最小限度の収入の保障、特権的階級に対し、公共の支出に対する分担金の醵出、そして進歩の競争の犠牲となったグループや個人や地方のために、つまずきや哀運の救済がそれである（A15-116）。それらは、所得の再配分や応分の負担を原則とする社会保障政策であり、少なくとも平等をめざした、実質的な自由の確保が重要であることを彼は主張する。そしてさらに、それらの条件を基本的に整えるためには、もっぱら、技術と組織との力に待つほかはないとものべている（A15-182）。だが、技術と組織との力をどのように構築し、方向づけていくのかといった、より政策科学的内容は、これ以上明らかにされていない。そしてまた、アロンは、社会的ないしは経済的な平等と個人の自由との間における調和をはかり、民主主義と自由主義との理論上の調整をするという仕事は、やはり今後に残されているともいう（A15-159）。

各人が自分の主人公であり、自己の判断に従って行動できる領域のないところに、自由はありえないというその立場は、やはり原則論にとどまらざるをえない。その結果、彼の政策的内容もすぐれて基本的事項の提示に限定されているのが特徴である。その意味において、生産手段の私有が廃止されても、労働の規律、分業の組織は存続し、市場を廃止しても、貨幣経済は残るという、アロンの主張はやはり原則的枠組みを超えていないことは確かである。だが他方、実際には欲求の充足のスピードは、不満の増大のテンポに追いついたためしがなく、かつまた、成長という名の強い強迫観念が結局において、身分や職業の移動を困難にしている産業社会を問題にした時（A15―168～169）、アロンにとって原則論に、とどまることができない、より具体的な改革提言を志向しようとしていたことも確かである。とはいえ彼にとっては、原則と提言への志向性との間を往復しながら、いまだ十分に深めきれなかったといえよう。いま一度、アロンの主張をきこう、真に自由の名に値するもの、それは不断の必要に応じて、真理と社会の幸福とを探究することにほかならない。また同時に、その探索を可能にすることが、すなわち、社会的な自由の真の意義である（A15―197）。やはり彼にとって、自由の哲学は自由の社会科学にまで発展できなかったといえよう。

4　社会学の特質と社会学観

(1) 社会学の対象と方法

さて、いままで検討してきた歴史的認識、産業社会、知識人・イデオロギー批判そして自由、民主主義の問題に対するアロンのアプローチは、歴史哲学、歴史学、経済学、国際関係論、政治学、社会学など、多様な方法によってなされてきた。そうした問題諸領域自体が、個別科学のみによって解明できないことはもちろんである。むしろ、ジャーナリストとしてのアロンにとって、現実の社会で惹起する、さまざまな問題が一定の意味をもち、何らかの解釈と説明を要するものである限り、どうしても学際的方法をとらざるをえなかったといえる。したがって、問題領域への対応のあり方を通して、彼の独自な方法をさぐりだすことが必要となる。だが、社会学の方法に限った場合、問題領域は、当然にも産業社会やイデオロギー、国家、政治などを中心にしたものになる。そこで本項では、まず産業社会などを対象に、彼が究明しようとしていた問題とは何かを検討する。そしてさらに、従来の代表的な社会学諸理論の比較・検討を通して、アロンが社会をどのように考えていたのかを考察することによって、いわゆる、その社会学観を明らかにする。

アロンはまず、社会的なもの（アロンによる傍点）それ自体の分離と社会学の誕生は、歴史的危機と社会の種々の部門の不一致の直観的洞察に始まったとのべ、そしてそのことは、社会と国家との分離ないし衝突という考え方に基礎をもつ、一九世紀初頭の諸学説によって証明されてきたという（A20-33）。それでは、彼のいう、社会と国家との分離とは果たして何を意味しているのだろうか。その問題について、つぎに若干の検討を試みる。まず、サン・シモン派とコントは、フランス革命を考察し、現代社会の組織と時代遅れの政治体制との間の調和の欠如を強調したとみるアロンは、一定の科学、産業の発展に伴う現象として、そうした分離を指摘した（A20-34）。そしてこの問題は、ヘーゲルやマルクスによって一層、明確に捉えられた。他の人々と関連する中で、各人が自分にとって目的であるような、欲求の体系としての市民社会は、国家を前提として出現するに至ったと説くヘーゲルの場合、利己的目的を実現するために、他の人々との関連を通じて、普遍性の形式を与える国家という全面的依存性の体系を不可欠とみた（B12-414）。他方、市民社会は、生産諸力の一定の発展段階の内部での諸個人の物質的交通の全体性を包括し、また、ある段階の商業と工業の生活全体を包括するに至った。そして私的所有が共同体から解放されることによって、国家は市民社会のそとに、市民社会とならんでたつ独自な存在となったとみるマルクスの場合、両者の間に一定の矛盾関係がつくりだされたと捉えた（B10-163・165）。以上の見方は、科学・産業の発展に伴い、それぞれの経済的諸利害が相互に対立・抗争しあう階級・階層的社会の出現によって、従来までの共同体を基礎にした国家としての普遍性・統一性は、理念的に大きく変容・崩壊する中で、国家自体の存立が、その正当性をめぐってつねに、問われる段階に入った、とくに一八世紀以降の諸変化を明示した。その意味において、諸利害の対立・抗争を内包化せざるをえない市民社会は、アロンのいう歴史的危機と社会の種々の部門の不一致を生みだすに至ったということと関わる。

社会学は、まさにそうした危機と変動の時代に対応して登場した。すなわち、社会そのものを、統一性と発展において扱う新しい科学としての社会学が、一八三〇年代にコントにより創設された。政治学、経済学がとりあつかう分野と異なり、新たに問題化した、いわゆる社会的なものを対象として、社会学は誕生するに至ったとアロンがのべたのは、そうした理由にもとづいている。そしていまや、現代社会は、変動を社会の性格そのものとして自覚している歴史上、最初の社会であるとアロンはいう（A18 I-9）。それでは、変動を自覚している社会を対象に、社会学は、果たして何を解明しようとするのだろうか。

社会学が対象とする社会的なものを彼の論述にもとづいてまとめるとつぎのようになる。まず、社会的なものは、一方で、あらゆる社会関係の中に現存する要素と、他方では、社会生活の多様な分野を包容し、総括するより大きく、より漠然とした本質との両方を指すものである（A18 I-13）。そしてまた、それはすべて人間の行為と絡みあうものであり、例えば、不平等や規制の要求は、制度として人間の条件と切り離しえないものとしてあると彼はのべる（A20-46）。すなわち、体制や制度、組織、集団などに関わる人間の行為のあり方といった、いわゆる社会関係の多様な様態を、アロンは社会的なものとして把握したといえる。そしてまた、社会的人間、その地位、役割、価値および体系を主題とするのが、社会学であるとした（A20-39）。さらに社会学は、経験的、数学的、分析的方法にもとづく、特殊な科学であるだけでなく、人間の行為との関係において、つねに全体的な社会現象を把握することが不可欠であると彼はいう。したがって、社会学はまず、つぎの三つの目標として、第一に社会的なものの定義、分析、第二は社会構造の性格、そして第三に社会構造を歴史の中に定着させて捉える方法を究明すべきであるとした（A13-23）。

ところで、看過できないことは、一方で科学的であり、他方で総合的であることを求められる社会学の場合、つぎのような問題に直面することとなった点である。すなわち、あるときは、科学的意図に没入して、細かい点の調査ばかりを重ねることもあれば、あるいは、逆に総合的な意図を維持しようとして、ややもすると哲学の中に迷い込みかねない傾向である（A13-24～25）。だが、現代の社会学は、もはや社会全体の発展の内在的な必然性を認めず、もはやユートピアを夢みない。社会学は、微少なものに注意を向けることと、全体性の努力を傾けることとの間を揺れ動いているが、しかしその二つを結びつける可能性は、考慮に入れていないのが現状であるとアロンは指摘する（A

20-47）。これは現在においても、重要な問題点といえる。例えば、コント、デュルケム、マルクスなどの場合でも、それぞれの生きた時代、社会を総合的に把握するにあたり、まずもって、壮大な人類の歴史観（それは、当然にも歴史哲学にもとづくことが多い）が前提となっていた。その結果、問題となることは、そうした歴史観と現状の社会の具体的な捉え方とが、どのように関連づけられ、相互間でどのように整合化されるのかといった点であった。だがとくに、二〇世紀以降の動向に関していえば、つぎのような特徴がみられるに至ったことが注目される。すなわち、そうした歴史観を前提にした現状の社会分析のあり方は、一方で、ともすると類型的・モデル的解明という面で、演繹的により理論化を志向しようとするのに対し、他方では、むしろそうした前提にあまり拘束されることもなく、かえって、多様な諸資料を駆使した実証分析に終始する傾向が、明らかにみられるに至ったことである。全体的把握に努めようとし、さらに科学的たろうとする社会学にとって、こうした理論的および実証的な二局面への分化傾向は、かなり一般的にみられる。アロンはいう、調査研究は、今日では発見された事実の綜合は行われないままに、きわめて広範な分野に細分化していると（A18Ⅱ-357）。だがしかし、私たちにとって、こうした現状があるにせよ、やはり社会的現実をどのように捉えるのかという、すぐれて基本的視角が不可欠であることはいうまでもない。

(2) アロンの社会学観

いま一度、アロンが、社会的現実をどのように把握しようとしていたのか、という問題にたちもどることにする。すでに第1章でふれたように、彼は、社会的現実を脈絡のないものでもなければ、完全無欠なものでもなく、部分的秩序の多様性を伴うが、はっきりと総括的秩序を伴うわけではないものとして捉えた（A13-29）。また前述したように、彼は、コントやマルクスにみられる、歴史の発展段階の論理を受け入れようとしないのも、歴史の発展と移行における一元的な因果関係や歴史的必然性を認めない立場にたつからである。したがって、現代社会を産業社会として捉えようとする場合、アロンは、歴史的必然性としてでなく、その背景に一九世紀における、フランス君主制の崩壊、社会階級組織の打破と生産手段のめざましい発展といった諸要因をあげ、それらの相互作用を契機とする産業社会出現の意味を究明した。そしてそれ以前の多様な国家、社会の歴史的背景が異なるにも拘わらず、共通のカテゴリーとして、産業社会という特質をもつ現実が生みだされてきたことに着目した。その点をふまえ、前述のように産業社会は、歴史的なある一つの社会とか、現代社会の特定の時代をいうのではなく、人間経験の新しい世紀を開くような社会類型であり、変動を社会の性格そのものとして自覚している歴史上、最初の社会というアロンの指摘がなされた。つまり、人間にとっての経験や自覚と深く関わらざるをえない社会的場面としての産業社会が、彼によって強調された。

そしてつぎに、社会的現実として無視できない、もう一つの側面を指摘する必要がある。それは、産業社会の問題だけでなく、当時のアロンにとって、つねに重要な課題は、冷戦構造下での国家のあり方である。彼は、国際体制の無政府的秩序は、つねに不平等主義的であるとのべ、それは主権国家の多元性にもとづいているとみる。つまり、利己的社会、無政府的秩序、不条理な合理性を特徴とするものとして、主権国家の多元性はあるとのべ、そのことにより、世界国家の樹立は妨げられているとみた（A20-326）。とくにここで問題となるのは、諸国民の協働は産業時代の合理性によって必要とされているが、国家の多元性は不可避であるだけでなく、発展の不平等の論理的帰結であるとする、アロンの視点に関してである（A20-441）。いいかえれば、国境を超えた資本の自由な運動にもとづく、広範な産業社会化は、かえって国家間の不平等を強めながら進展しているという認識が、彼にはみられる点である。こうして、産業社会の発展に伴う問題にせよ、主権国家の多元性にもとづく問題にせよ、アロンは、それらの社会的現実から解決すべき不平等の現実を剔出した。そして当然にも、その解決のあり方も、自由と民主主義の問題と結びつかざるをえないことはいうまでもない。その意味において、アロンの社会学には、社会的現実の問題に対する、すぐれて価値志向性が強くみられる点を指摘する必要がある。そしてさらに究明すべきことは、社会的なものや社会的現実の把握のあり方はもとより、そうした価値志向性との関連において、社会学理論をアロンがどのように評価しているかという問題である。そこで最後にその点を考察し、彼の社会学観を明らかにする。

代表的な社会学理論の比較・検討によってアロンが意図したことは、自ら独自な理論構築をはかるためというより、むしろそれぞれの理論上の特質と問題点を明らかにすることであった。したがって以下、各理論に関するアロンの評価を詳述するのではなく、彼の社会学的方法にとって一定の関連をもつと思われる、他の理論をとりあげ、アロンの社会学観の特徴をさぐりだすこととする。ここで考察の対象としたのは、七人の社会学者をとりあつかった『社会学的思考の流れ』（原著 一九六五年刊、翻訳 一九七四年〈Ⅰ〉、一九八四年〈Ⅱ〉刊）である。

まず、七人の社会学者は、アロンの社会学に影響を与えた程度からみて、ほとんどその影響がみられないもの（コント、デュルケム、パレート）とアロンにとって批判の対象とはいえ、一定の影響がみられるもの（モンテスキュー、トクヴィル、ウェーバー、マルクス）とに大別できる。

アロンによれば、コントは人類の一体性に関心をもった社会学者であり、その一体性に関する社会学の帰結は、人類の一体性についての宗教ということになる（A18Ⅰ-91）。すでに階級対立が顕在化していた産業社会のもとで、コントの場合、経営と労働者との敵対関係は副次的なものとしか認めず、また富の増大に伴い、万人の利害は一致するという、一種のオポチュニズムに与していたといえる。したがって、現にある対立や矛盾は、人類の一体性のもとへといずれ収斂すべきものとしてコントは想定した。そしてまた、人類史の多彩な諸事象の単一の構図に従う基本的継起に関し、合理的に整序する方法をとるコントに対し、アロンは強く反対した。さらに、政治の社会への従属という点から、代議制を軽視するコントの立場は、彼にとって認めることができなかった。その結果、アロンはコント学派をオプティミスティックで、自己満足的であると評価した。

つぎにデュルケムの場合も、コントと同様に、政治、経済の社会への従属に伴う問題と歴史の基本的継起のあり方は、当然にも批判の対象となる。その他、アロンがとくに問題としたのは、社会的事実に関してである。すなわち、社会的事実を属と種という外在的特徴により分類・定義することで、むしろ内在的定義におきかえてしまい、そして一つの範疇の中に分類された事実のすべてには、必然的に同一の原因が対応すると仮定することに対し、彼は反対した。この一元的な因果関係は、ありえないというのがその立場である。またさらに、社会現象を説明するにあたり、歴史的説明は真の科学的な説明ではなく、現に存在する社会的環境による相伴的な諸条件にもとづく説明がなされるべきとするデュルケムの立場は、アロンによると限られた説明にならざるをえないことになる。そして最後に指摘すべきことは、個人と国家を結びつけ、道徳的様式を与える媒介的団体としての同業組合に対するデュルケムの期待も、近代経済の国々では全く問題にもならなかったという、その時代錯誤性への批判もみられた。以上のような批判を通して、アロンは合理主義的個人主義を正当化しながらも、しかしまた、集合的現範の尊重を説くような社会学として、デュルケム理論を位置づけた。

また他方、論理的でない行為を論理的であるかのようにみせようとする意図をもった、非論理的行動の研究に終始したパレートに対し、アロンは、行為の二元性（論理的—非論理的、エリート—大衆）のもつ危険なほどに図式的な方法であると批判した。そして、例え、パレートが科学の過大評価や形而上学的合理主義を批判したにせよ、彼は、残基概念の展開にあたり、感情や精神状態の心理的メカニズム（フロイト）やイデオロギーや社会階級に関する社会的メカニズム（マルクス）をも無視したあり方を、アロンは問題とし、結局、パレートはペシミスティックでシニカルな思考様式を象徴した社会学者であるとみた。

以上、人間と社会の一体性（コント）、社会的事実（デュルケム）、残基（パレート）にもとづく方法自体、アロンにとって、人間と社会との関係や社会の歴史的変化を動的な諸関係として捉えようとする面を欠落させているとみられた。このことは、すでにふれたように、人間の生成すなわち、社会的生成と同時に精神的生成として歴史を捉える彼の立場からすれば、人間の主体的な諸活動の側面をほとんど無視した論理として、上記三者の社会学は、アロンに強く映じていたことを物語る。それでは他の四人の社会学者の場合はどうであろうか。

世界恐慌後の混乱、ナチズムの台頭そして第二次世界大戦への予感に不安といらだちを抱いていた、ドイツ滞在中（一九三〇～一九三三年）のアロンにとって、マルクスとウェーバーの論理は、歴史的な経済・社会的変動や現状の問題を考えるうえで、重要な対象になった。まず、その後はマルクスに対し批判的な立場をとるようになったとはいえ、当時、彼は、やがて到来する必然的な歴史の局面としての社会主義の確認を見いだしたい思いと経済恐慌の解明のため、資本論を熱心に考究した。だが他方では、むしろウェーバーの論理に強くひきつけられていくアロンでもあった。当時を述懐して彼はつぎのようにのべている。ウェーバーを読んでいると、私たちの文明のざわめき、きしみ、ユダヤの予言者の声そして遠くかすかに総統ヒトラーの金切り声が聞こえた。一方に、官僚制度そして他方に、デマゴーグのカリスマ的権威、それはいつの世にも交互にあらわれては消えていくのである。また世界史についての見通し、現代科学の独創性の解明、そして人間の歴史的または政治的条件についてのウェーバーの考察にふれたときの感激をアロンは語っている（A28-73）。とくに彼をひきつけたものは、ウェーバーの社会科学、人文科学に固有の認識論であった。すなわち、ウェーバーは普遍的真理を求める、あらゆる人間に有効な認識を求めていたと同時に、彼は人間の現実の多義性と古今東西の人間に歴史学者が、当然、投げかける疑問の多様性をも強く意識しており、その結果、妥当性のある解釈の多様性と真の原因究明を求めようとする配慮のあいだで、たえず揺れ動くウェーバーの姿に強い印象を受けたとものべている（A28-74）。

ウェーバー社会学が志向した、人間の社会的行為の理解に対する関心は、当然、アロンも共有していた。とはいえ、彼にとって、ウェーバーの方法にもいくつかの問題があったのも確かである。その第一は、ウェーバーの相対主義についてである。アロンはいう、ウェーバーにとって、すべての現実、すべての社会的現実は、形をなさぬものであり、ばらばらの事実の積み重ね、もしくは散乱状態だった。社会学者が、首尾一貫しない諸事実に直面している場合、自分の概念によって秩序をつくりだしたうえで、さらに、その秩序の力をかりて理解するとすれば、その解釈は明らかにそれらの概念体系に結びついている。しかしある一つの社会が、首尾一貫しない多様性であるというのは正鵠を射ていないと（A13-29）。そしてまた第二は、研究者による理念型の構成にあたり、ある種の選択と任意性を伴うことによって、客観的認識には、つねに限界があるという問題である。まず、この場合、ウェーバーのいう中立性が客観性への道を開くというのは誤りであるとし、アロンは中立性でなく、認識の衡平（équité）さを強調する。すなわち、彼はいう、記述の客観性は中立性によっても、諸事実についての唯一の真理によっても保証されない。諸事実の位置づけや知的イメージの構成においても、学者は部分的になる危険があるとはいえ、衡平でなければならない。しかし、理念型の構成においても、ウェーバーが認めた自由を拒否し、少なくとも主要な諸決定因を示し、全体を再構成するような分析的理論を仕上げることによってのみ、部分性を避け、衡平に到達できるのであると（A30-32）。衡平さにもとづく分析的理論こそ、アロンが求めていたものにほかならない。したがって、前述したように、彼は、そうした問題を究明するためにも、諸社会の真に普遍的な体系という独断論も、社会学的解釈の完全な相対性の双方をともに拒否する立場にたった。そして結局は、社会学のめざすべき方向として、事実の積み重ねと新しい諸問題の提起、そしてさらに、社会の現実を理解しようとするときに助けとなる概念的道具にみがきをかける必要性を説いたのである（A13-30）。アロンにとって、社会的現実は、完全無欠でもなければ、支離滅裂なものでもない。だからこそ、普遍的原理でも相対主義でもない、新たな概念枠にもとづいて、その社会的現実をどう把握するかは、きわめて重い課題であった。

だがしかし、あまりにも多様な社会的現実との関連で、社会的行為の理解に関する妥当な定律が、果たして可能なのかという疑問は、ウェーバーを研究すればするほど、かえって深まらざるをえない状況にアロン自身がおかれていたことは想定できる。例えば、その点について彼は、ウェーバー社会学の方法の特徴を、つぎのように端的に要約していることから一定の問題点を剔出してみよう。

すなわち、それは人間の制度の論理を明らかにすることであり、概念の使用を放棄することなく、諸制度の特殊性を理解し、それぞれの制度や社会の独自性をなす事柄を除去することなく、一定の概念的枠組みの中で、多様な諸現象の統合を可能にするような、柔軟な体系を構成することであると（A18Ⅱ-323）。そしてさらに、アロン自身、社会学の目標は理解不可能なものを理解可能にすることであるという。つまりそれは、そこに生きる人たちによって、受け入れられている意味よりも深い内容において、何が生きることの意味であるかを把握することであるともいう。もとより、社会学はすべて、あらゆる人間的存在がそうであるように、混沌として、不鮮明な人間的実存を理解可能にすることをめざし、それを再構成するからである（A18Ⅱ-272）。そこには、制度や社会のあり方自体も、つねに変化するのに対して、それを解釈する概念も解体・再構成を迫られる事実が明示される。そしてまた、制度や社会の変化との関係で、人間の実存自体もたえず変容していく現実をいかに概念的に整序できるのかという、きわめて社会哲学的領域に入りこんでしまう問題を、このことは含意している。だが社会学にとって問題となることは、そうした人間の変化を、むしろ具体的な生活や態度などを指標に科学的に検証できなくては有効とはいえない点である。その点に限っていえば、アロンはウェーバーから得たものはそれほど多くなかったといえる。したがって、ウェーバーとの対応において、むしろ多くの学問的共感を抱きながらも、ウェーバーによる、その根源的な問題を不断に自問した人間の著作（A18Ⅱ-339）への傾倒を深めることにより、かえって、アロンの独自な社会学理論の構築は、一層、困難になった点は否定できない。

だがしかし、アロンにとって一方で、ウェーバーとの対話は、むしろ社会学的思考をますます深める営為であった反面、また他方では、現実社会がもたらす貧困、不平等そして戦争などの諸問題への対応も無視できなかった。すでにアロン自らが、政治社会学のフランス学派の最近における継承者であると自任したように、モンテスキューとトクヴィルから、彼は多くの影響を受けていた。まず、全体としての社会を政体の類型や制度、体制などの政治学的観点から捉えようとしたのが、モンテスキューであった。モンテスキューの歴史理解の方法は、外見上、無秩序で一貫性のない多様な諸現象に対し、いかに論理的な整序を導きだすのかということが、中心的な位置を占めていた。そこには、無秩序の中にみられる因果的説明の可能性や多様性もいくつかに類型化することができるといった、社会学的方法をめぐる中心的な問題が数多く示唆されていた。また他方、トクヴィルについて、自由や民主主義といった、冷戦下でのすぐれて実践的課題を、アロンは考究した。トクヴィルの方法の特質は、生活環境の平等化という視点、歴史観と未来の問題に関する蓋然主義そして政治を経済に従属させようとしない立場として、彼は捉えていた。その場合、トクヴィルのいう、そもそも民主主義とは諸条件を平等化することであり、したがって不平等のもとで、自由はありえないという命題は、アロンの思索にとってきわめて大きな意味をもったことは間違いない。それは端的にいって、政治の自律性にたつ立場である。とくにソヴィエト型社会体制を一つの権威主義・専制とみるアロンにとって、この命題は重要な実践的意義をもった。

さて、最後にマルクスをとりあげよう。晩年の回想録において、アロンはマルクスについて、つぎのようにのべている。経済学者としてのマルクスは、おそらく同時代で、もっとも豊かで情熱をかきたてる存在でありつづけるだろう。予言者的経済学者マルクス、マルクス＝レーニン主義の推定上の始祖としてのマルクスは、呪われたソフィストであり、二〇世紀の恐怖の責任の一端を負うべき存在であると（A28－790）。基本的に、アロンの歴史的認識は、マルクスの史的唯物論とは全く相入れないものであったことはすでにふれた。前述したように、マルクスの基本的諸概念に対するアロンの批判は、ともすると従来の形式的・機械論的図式におちいり易い傾向を鋭く指摘していた。だが、現実社会の歴史的変動との関係で、例えば、生産力と生産関係の矛盾の定式が、実際どこまで妥当し、一定の現実的意義をもちうるのかといった課題はいまだに残されている。アロンの場合、社会構造、その機能様式、体制下における人間の運命、体制の発展などを必然的な形で統合した全体的理論はいまだないという時（A18Ｉ－169）、歴史自体は、そもそも合理的に仕組まれ、しかも、究極的目的へ向けて必然的に発展するものではないことを意味しているからである。それゆえに、貧困の解決、平等の実現のために資本主義経済を根底的に批判したマルクスに強く共鳴しつつも、アロンにとって、やはり搾取理論にもとづく階級闘争の必然性を認めることはできなかった。その意味において、第一に、アロンのマルクス批判は、どちらかといえば、マルクスのいう革命による社会変革への将来展望観に対し、きわめて厳しいという特徴が指摘できる。それは現に存在したソヴィエト型社会体制（ボルシェヴィズム）の実態に対する、アロンの態度に明らかにみられる。彼はまた第二に、一党独裁のあり方は、マルクスにあわないものであり、マルクス自身は計画経済について知らなかったともいう。彼はいう、生涯、出版・報道の自由を擁護しつづけ、根っからの反逆者であったマルクスが、専制国家の擁護者であったとは考えがたい。しかし反対派として、あらゆる自由を要求しつづけたレーニンは、権力を握ると根こそぎ自由を破壊してしまった（A28-716）。このことは、マルクスの思想が、ボルシェヴィズムに直接、結びつくという論理にアロンが必ずしも与《くみ》していたわけでないことを示している。だがしかし、ボルシェヴィズムを生みだす原因にマルクスの思想があったことは否定しない。この点について、アロンは、マルクスの社会学における最大の弱点として、政治体制と経済制度の関係のあり方を問題にした（A18 I-225）。つまり、国家の消滅による階級対立のない社会の実現という、考え方に対するアロンの批判である。実際には、仮に国家の消滅が想定されるにせよ、それへむかう過程における国家の機能やそれに替わる協同的管理、国民による統治のあり方など、いまだ考察すべき多くの問題があることはいうまでもない。

以上、アロンにとって、マルクスが問題となる接点領域として、歴史の現実と変革、政治体制と経済制度をとりあえず剔出したが、それらは、いまなお私たちにとって重要な課題であることは間違いない。すでに一九六〇〜七〇年代にかけ、先進諸国におけるマルクス主義哲学の理論的深化へ向けての問題として、「経済的社会構成体」論争があったことが想起される。それは、社会の歴史と社会の構造とを社会認識において、どのように統一すべきなのかをめぐって、重要な課題を含んでいた（B13-206）。もとより、彼自身が、そのことをどこまで認識していたかは明らかでないにせよ、とくにマルクスに対するときのアロンの論理には、そうした問題が伏在していたことが確かにみてとれる。したがって、彼の論理を単なる反マルクス論と規定するだけで、すますことはできないことを、ここでは指摘しておく。

アロンはいう、自由と平等の理想が支配する時代には、社会学者はいつの時代にもまして、疑念の徒である。社会的な行為者が自らについて語ることばをそのまま信じる社会学者はいない。もっとも大胆で非観的な社会学者は、よき社会のイメージや希望をもち合わせず、自分たちの社会を容赦ない厳しさで裁くと（A28-804）。これはアロンそのものといえる。社会をみつめ、分析する冷徹なリアリストは、また同時に高尚な知的自由を求めるアイディアリストでもあった。社会学の対象を社会的なものとして位置づけ、科学的な方法を「論」として求めた彼の社会学は、固有の体系として成立していない。いわば、その方法は、社会学の理論的批判を通して、彼のいう歴史的認識、産業社会、イデオロギー、自由、国家、政治などの諸領域を究明し、問題点の剔出に努めることにあった。したがって、アロンにとって、それらの領域はつねに総体として把握する必要があったとはいえ、その内実を実証的により細かく解明するという方法を伴うことはなかった。社会学的思考の探究そのものが、彼の社会学観を如実に示している。晩年になって彼はいう、社会学が統一ののぞみもない一群の個別的調査や事実認識の形で示されているものを、本当に科学的成長の印と受けとってよいのだろうかと(A18Ⅱ-350)。「論」と「実証」との結合をはかりえなかったアロンの場合、「論」への執着は、自らの不本意さを自覚しつつも、止むをえなかったのかもしれない。

第3章　評価と課題

(『レーモン・アロン回想録』Ⅰ、みすず書房、1999より)

1 評価の特徴

(1) 反動家から賢者アロンへ

アロンの生涯を通した研究の諸成果は、哲学、国際関係論、社会学および政治学といった個別領域に大別できるとしたのは、ギタ・ヨネスクである（B1-236）。国際関係論はもとより、政治学は、国内外の政治経済の情勢分析との関係において、アロンのジャーナリストとしての活動と不可分な領域といえる。また、初期の段階を含めた哲学は、彼の歴史的認識の形成ならびに研究の基本視角全体を考えるうえで、重要な領域であり、社会学はいうまでもなく、大学、研究所における研究・教育活動そのものとしてあった。本論において、国際関係論や政治学の領域にほとんどふれていないのも、ここでは彼の社会学研究に焦点をすえたためである。それゆえ、本章におけるアロンの評価と課題に関する分析も、主として歴史哲学ならびに社会学関連の諸成果に限定している。

ところで、一九七七年、アロンが塞栓症の発作で倒れる時期を含む、とくに一九七〇年代以降、フランスでは人権の思想とよばれる、全体主義を批判する言論が、思想界に大きな影響を与えはじめるに至ったと杉山光信はいう（B2-5）。すなわち、ソルジェニーツィンの『収容所列島』の刊行、東欧における反体制運動家たちの活動、人権尊重を宣言したヘルシンキ協定、ポーランドの『連帯』労組の活動など、いわゆるソヴィエト型社会体制における人権、自由や民主主義のあり方を問題視する状況が、ますます表面化するに至った事情が、杉山のいうそうした変化の背景にあった。そうした状況下におけるアロンの評価について、杉山はつぎのようにのべる。フランス思想界の舞台装置が回転し、その背景が変化していく中で、人権の思想が新たな流行となるゆえに、アロンはその中心となる人々と密接な関係をもち、脚光をあびたのである。こうしてアロンは、その名声がその人生で絶頂に達する中で世を去ることができた（B2-184）。いわゆる「反動家アロンは賢者アロン」になったという評価がそれを象徴している（B2-5）。一九八三年にアロンは死去し、その八年後の一九九一年に、ソヴィエト体制は崩壊し、冷戦構造に一定の終止符がうたれた。このことは、急激な歴史的変動の中で、その知的役割の評価が大きく見直されることとなる、一人の思想家の存在を象徴的に物語る。少なくとも、彼の場合、思想的立場をぬきにして、研究上の視角を問題にすることができない。

晩年、前述したように、アロンは自らの仕事を述懐してのべている。自分は現実から十分に離陸しておらず、その作品は利那的な状況に密着しているから、創作家の作品にくらべて接続時間が短かいのだと（A28-775）。これは端的に、ジャーナリストとして、そのときどきの状況に対し、つねに速断を求められていた側面を明らかに示している。したがって、その活動自体は、一定の論争を生みだすことが多かったといえる。例えば、親ソ的な立場を示したサルトルとの有名な論争を回顧して、彼はつぎのようにのべる。アロンに従って正しくあるよりは、サルトルとともに誤るほうがよかったという、不思議な命題だけが、左翼人の記憶に残っていることが多い。サルトルの錯誤に追従した人々に何らかの功績も私には認められない。とはいえ、まるでアロンと同陣営にあることが恥であるかのようにとられたのだ。問題なのは、すぐれた人々、心ある人々が幻影を抱きつづけ、誤りに固執することだ。私に賛同したくなかったのなら、別に同伴者をいくらでもみつけられたはずだと（A28―776）。こうしたアロンの立場は、ソヴィエト型社会体制のイデオロギーとインテリゲンチャの役割を厳しく批判した『知識人の阿片』（一九五五年）の刊行以来、一貫しており、多くの左翼知識人との対立・論争を続けることとなった。だが、それも前述の杉山の指摘のように、三〇年たって「反動家アロンは賢者アロン」へと評価が大きく転換するといったことで、フランスでは事情が一変した。

このようにアロンの場合、自らの思想的立場にもとづく論点を明確化することによる、いわゆるイデオロギー批判が、かえって、異なる立場の人々との対立・論争を常態化させることとなり、そのことが、彼の学問的内容の紹介や評価を不十分にさせる結果をもたらした点は否めない。この点が、アロンの評価をめぐる第一の特徴である。そのことを象徴するように、アロンはつぎのように扱われることが多かった。つまり、辻村明らは、ソヴィエト社会学の研究動向の中で、アロンの産業社会論は、生産関係を捨象して、表面的な類似性を絶対化する誤りをおかしているという、ソヴィエト社会学者の批判を紹介しているのがその一例である（B3-129）。この観点は、資本主義か社会主義かという、体制の差異を無視した産業社会論の一般化に対する、とくにマルクス主義者による批判を象徴しているように、いわゆる、異なる立場の双方にとって、研究上の争点が必ずしも深められなかったという問題を浮び上らせた。すなわち、ともすると、体制還元的思考にもとづく産業社会論をめぐる争点は、各国の個別的事情をふまえつつも、より歴史的・一般的特徴を抽出しようとする論理を、イデオロギー論争により歪めてしまう結果が多かったということである。その限りにおいて、アロンの提起した産業社会論は、十分な議論の対象とはなりえなかった。

(2)歴史的認識と全体性把握

さて、つぎは、いままでのべたアロンの基本的立場と深く関わる、その歴史的認識をめぐる評価である。彼の場合、法則による歴史的決定論にも、また真理の蓄積も進歩も認めず、価値の無政府性を主唱する歴史主義にも反対する立場であることは、すでにのべた。そしてむしろ、歴史の目的を明らかにするために把握すべき全体の統一性は、無限の彼方にある目的に等しいものと捉えられ、人間がその歴史の終点にたどりつき、創造することも、自己を創造することもやめた時になって、哲学が把握できる全体性であるというのが、彼の立場であった。そこには、人間にとって精神的生成の多義性と発展の未完結性による、歴史の相対性を認めざるをえないという立場が伏在している。そこでつぎに、一見、歴史主義に近いかのようにみえる、こうしたアロンにとって、果たして全体性の把握は断念されているのか否かをめぐる問題の検討に入ろう。

彼は、社会や歴史の統一性自体を否定したのでなく、むしろ、それをどうしたら把握できるのかという点を問題視した。アロンはつぎのようにのべる。あらゆる社会は、集団と制度の相互作用、あらゆる集団生活に固有の秩序と権威、一国民一文明を導く発展などの統一性を示す。したがって、実在がつねに全体的であるというのは、個々の瞬間において、そして持続の中で実在は、個別的な組織を明らかにし、総合的な理解の対象となるが、単一の統合によっては捉ええないのだと（A2-334）。そしてまた、総合的決定原因の仮設の可能性についてもつぎのようにのべる。決定原因は、つねに回顧的で部分的なものとして徐々に構成されるが、他者の行動についての限定された予測あるいは、抽象的な予測は、社会的な出来事の予測と同じく検証を受ける。そしてそれが成功すれば、関係項の質的多様性と因果関係の断片化のために、人知を超える仮設として総合的決定原因を探しだすことが可能となると（A2-414〜415）。またさらに、こうした論理をふまえ、アロンは、社会や歴史に関する真理の探究についてもつぎのようにのべる。真理は、活動と価値を超えたものでなければならず、具体的でなければならない。すなわち、マルクス主義が構築した目標のように、理論的であると同時に実践的でなければならない。人間は、自然に対して獲得した力によって、社会秩序に対しても次第に目標の力を獲得するであろう。各個人を市民とする国家、および共通の獲得物を万人に返す文化という、二つの集団的活動に参加することによって、人間は、自らの使命――人類と自然との和解、本質と存在との和解――を実現できるであろうと（A2―411）。したがって、こうした点をもふまえ、杉山はつぎのようにいう。アロンにとっては「真実とみなしうる解釈」と「誤った解釈」とを区別させる基準の存在が想定されていて、それは「権利上、人類全体に共有されうる価値」に方向づけられているか、どうかということであった。このような価値に方向づけられているなら、それなりに普遍性をもつ歴史認識は成り立つというのが、アロンの与えた解釈だったと（B2―168）。

アロンは、こうして歴史全体を把握するうえで、第一原因、あるいは総合された要因や因果的体系化の存在を否定しながらも、多様な個人や他者との関係における複雑性や歴史的実在の多義性を、ただ無秩序な状態にしたままでは、必ずしも歴史を捉えることができないとした。だがしかし、彼の歴史把握の論理には、価値志向にもとづく、きわめて抽象的な期待概念に依拠する傾向がやはり強くみられる。その結果、この点に関し、奈良和重はつぎのような疑問を呈している。アロンにとって、人類史の統一性は、人間の行為と歴史の解釈の地平を構成するものである。それは、現実の歴史解釈を導く仮設であるのか、それとも、歴史を合理化する行為の要請であるのか、結局のところ、歴史の普遍性ということは、進歩のカテゴリーを保持していることにならないのか、アロンにおいて、これらの問題は確かに未解決のままである（B4-156、傍点は奈良和重による）。そしてまた、杉山も、アロンは自らの思想の中で「歴史の目的」の意味を小さなものにしようとしていたにも拘らず、自らが、マルクス主義が全人類史の意味を与えるものと批判したとき、アロンのもとでも、マルクス主義のそれとは異なる「歴史の目的」の理念が存在していたのだと論じている（B2-94）。

結局のところ、アロンの社会や歴史の全体性を捉える視角は、現実的な概念にもとづく、具体的な論理展開として明らかにされておらず、それは、終局的に彼のいう、カント的な意味での理性の観念に帰着するといった特徴を示す。アロンはいう。核の脅威のうえに安全保障を打ち建てる必要性は悲劇的である。通常兵器の蓄積と核による脅威の選択も悲劇的、産業文明による古い文化の破壊それも悲劇的だ。しかし悲劇が決定的なことばとなるのは、歴史を超えて幸運な結末を考えることさえできない場合だけだ。私としては、幸運な結末を考えうるとの判断を変えていない。それは、政治の地平のはるか遠くにあるカント的な意味での理性の観念であると（A28-797、同書以外では理性の理念と訳されている）。すなわち、それは、終局的に理性の観念に根ざすことをつねに追い求める人間の未完の努力としてあるものと規定される。こうした努力をする人間への希望を保持する限り、アロンを懐疑主義や相対主義の象徴とみることは、必ずしも正しくない。だがしかし、彼の場合、現代における問題の分析・批判を通して、今後、いかなる歴史的変化をたどることになるのかといった、その過程の論理をさぐりだすことは、きわめて困難といえる。つまり、「理性の観念」への帰着によって、過程の論理はブラック・ボックス化してしまうという問題が指摘できる。要するに、アロンにおける歴史的認識に関する哲学的観点は、現代の社会分析に関する社会科学的観点と接合されず、このことは、社会学の実証的研究をつくりだしえなかった結果と深く関わる。したがって、アロンにとって問題を分析するための弁証法は、社会・歴史的変動と結びつく生きた弁証法にはなりえなかったのである。

(3) 社会学的研究の評価

最後は、アロンの社会学的諸成果に関する評価である。彼の場合、社会学的諸成果は、まず第一に、その時代において論争をはらんだ問題を対象としたもの（例えば「産業社会」「階級闘争」「民主主義と全体主義」など）と代表的な社会学者の研究成果を論評した、いわゆる社会学研究史論ともいうべきものに大別される。だがアロンは、それらの成果をふまえて、固有の社会学理論を構築しなかったため、従来、社会学説史上の位置づけもほとんどなされてこなかったという特徴がある。とはいえ、社会学よりも、政治学的分野において、一定の評価がみられる論稿をまずはじめに紹介しよう。

第一は、社会学と政治学を区別するとなると、アロン自身がためらいと逡巡しているという印象をもつと語るのは、前記のヨネスクである（B1-237）。アロン自身は、政治を社会という全体性の下位体系と考えつつも、経済などの他領域から自律した領域であるとし、全体性を対象とする社会学を基礎に、政治的下位体系を対象とするものとして、政治学を位置づけた。それゆえに、社会学と政治学は、アロンにとって密接な相互連関があると把握されていたことが、かえって両者を明確に区別することをむずかしくさせていたといえる。ところで、彼の関心の焦点は、とくに産業社会における政治の重要性を主唱する点にあるとヨネスクはいう。すなわち、産業社会では、社会成層化の過程、合理化の過程、それに機能的階梯化の過程を再生産するにあたり、政治的な支配―被支配といった関係が、政治を永遠の活動たらしめることとなる。その結果、代議政の問題こそが、現代の最大の関心事となるとするその論理に、ヨネスクはまず注目した（B1-244）。とりわけ、一党独裁制下におけるソヴィエトの政治支配の現実をまのあたりにして、アロンは、産業社会と政治体制の関係に強い関心を抱くに至った。また一方、そうした現実的関心を学問的に裏づける彼の研究面での特徴を、ヨネスクは、現代的古典主義者として評価した。すなわち、アリストテレスからトクヴィルにいたるまでの科学が駆使した、あの観察と構想力という手段をなげ捨てるべきではないし、ましてや新しい機械装置と置きかえるべきではないとアロンが信じていた観点をヨネスクは評価する（B1-248）。そして政治に関する史的研究とともに、彼の国際関係論の諸成果をふまえ、ヨネスクはつぎのように総評している。脱工業世界のユニークな状況に関する鋭い感覚と歴史と文化の連続についての深遠な感覚とのこうした融合こそ、アロンが到達している地平である（B1-249）。

つぎに第二として、アイゼンシュタットは、アロンの社会学的研究の中心にあったものが何か、という点からつぎのようにのべる。それは、近代の産業社会の自由と理性にみられるように、自由で民主的な体制の特質・存続や発展に対する彼の全体的関心に根ざしており、その観点からアロンによるエリートの位置づけ、ならびに代議制の重要性が指摘されたという。つまり彼の場合、制度的な領域を動態化させる起動力として階級を位置づけ、したがってとくに、自らの影響力を行使できるエリートのあり方が、いうまでもなく、民主的制度の形成と維持による代議制と深く関係することとなる。アロンにとって権力、権利、平等などの諸概念そのものは、自律的な実体としてあるのでなく、具体的な諸制度の枠組みの中で、それらの含意することが、問題と矛盾をはらみつつも、さまざまな場面で、さまざまに作用するあり方を分析することこそが、重要であるとした（B14-7〜8）。

以上の二者と異なり、第三として北川忠明は、アロンの成果を政治社会学として位置づけ、つぎのように評価している点が対照的である。すなわち、アロンの関心は、進化の多様性と類型的差異におかれ、この類型的差異を規定する基本的な要因として政治的変数や外生変数としての国際関係と戦争を強調する。つまり、政治的変数を社会発展の基本要因とする社会変動論の立場をとり、基本的に個性的な歴史現象の全体性の把握に向けられている（B5-152）。こうしてアロンは、政治体制という集合的要素の規定的役割を強調するマクロ政治社会学分析の立場にたったとした（B5-153）。

ところで、北川によると、政治的変数を社会発展の基本的要因とする社会変動論の立場がアロンであるというが、果たしてそうであろうか。その点に関し、再びヨネスクによるアロンの観点を検討してみよう。まず、産業社会が例えば、生産手段の私的所有のような経済的矛盾の原因のうちの、いくつかを廃絶するにしても、社会成層の形成という果てしのない過程を媒介に組織の階級制度固有の諸矛盾を依然、再生産するとみるのがアロンである（B1-238）。これは、マルクスやコントにみられる政治を経済構造の反映あるいは表現としか捉えない立場に対する、彼の基本的な批判にもとづいている。そしてまた、ヨネスクによって紹介された、つぎのようなアロンの見解をみると、いくつかの問題点がさらに指摘できる。アロンによると、少数の支配者と大衆との政治的矛盾それ自体は、階級間の経済的矛盾から区別されるべきであり、政治体制はそれ自体の自律性、それ自体の有効性をもっている。またマルクスやコントとちがって、アロンは、政治が人間存在の永遠のカテゴリーであり、すべての社会からなくならない部門であるとのべ、しかも政治体制は、集団の型を決める。産業社会の時代には、政治体制こそが同種の集団間のそれぞれの違いを浮き彫りにするという(B1―239)。以上のような彼の見解をまとめるとつぎのようになる。前述したように、ヒエラルヒーと競争より成る産業社会の場合、社会階層性を維持するために、政治的支配の関係が強められ、したがって、そうした支配関係より成る政治体制の構築化が、より進展すればするほど、他の諸組織・集団もその体制へと編入・糾合される力が強く働く。少なくとも、社会階層性を前提とする社会のもとでは、そうした政治の作動は不可避となり、いわば政治は永遠のカテゴリーと化すというのがアロンの主張である。だがしかし、確かに政治のもつ自律性は否定できないとはいえ、このことをもって北川のように、社会発展の基本要因として政治をアロンが捉えたといいきれるのかどうかには、やはり疑問が残る。

すでにみたように、アロンは歴史的実在や社会的事象を捉えるにあたり、多様かつ多元的な複数要因の相互作用を重視する。それゆえに、そうした政治的要因が作動するためには、経済など他の諸要因の作用を無視できないことはいうまでもない。アロンは、経済に従属したものでない政治の自律性を主張したのであって、経済などの諸要因の政治への働きかけを否定していると捉えることはできない。またさらに、社会の下位体系としての政治が、変動要因として優越せざるをえないとした場合、その根拠となる決定的論理をアロンに見いだすことができない。例えば、代議制が、一般的に社会全体に浸透することをもって、社会構造変化の決定的な動向とみなすことはとてもできないからである。確かに彼の場合、人間にとって、自由と民主主義の実現をめざす立場から、政治体制のあり方をきわめて重要視していることは理解できるにしても、そのことからただちに、政治が社会変動の基本的要因と位置づけることはできないといえる。

ところでその他、北川はまた、アロンの政治社会学に対し、注目すべき問題点を指摘していることをつけ加えておこう。その一つは権力の捉え方に関してである。北川はいう、アロンが政治の優位の観点から政治体制やイデオロギーの規定性を強調することは間違っていないし、政治的行為領域や政治権力の自律性は、経済的外的諸条件の拘束からの完全な自律性を意味しないであろうが、彼には、諸権力の構造的関係、つまり経済エリートと政治・行政エリートの構造的関係を軽視する傾向が強いように思われると（B5―188）。その根拠として、経済エリートがハイ・ポリシーに関心をもたないという、アロンの主観主義的説明をあげている。そして第二として、産業社会の成熟に伴っての新たな市民性の問題を考えた場合でも、アロンには、消極的自由論の圏域にとどまっているということが指摘される。むしろ新たな市民性の問題は、労働現場をはじめとする、日常的生活世界の中の権力を批判し、意思決定への平等な参加を獲得する不断の運動によって、はじめて成熟していくものであろうと北川はのべる（B5―233）。以上の批判点は、国家論にもとづく権力のあり方ならびに権力への対抗に根ざした、人々の日常生活レベルにおける運動のあり方といった問題に対する、不十分なアロンの論理を指摘したものである。これらの問題は、「理性の観念」に帰着できない、すぐれて実証的究明を伴うものであり、その点において北川の批判は妥当なものといえる。

さて、以上、三者による政治学の評価に対し、社会学の評価はどうであろうか。日本の場合、前述の杉山が試みたアロンに関する総合的な評価を別とすれば、前三者に匹敵するものは見あたらない。それも産業社会論に関するものが若干、あるにすぎない。まず、浜口晴彦はアロンの三部作（『発展の思想』『変貌する産業社会』『階級闘争』）を通して概括的論評をしている。すなわち、産業社会の直面する諸問題を概観した場合、そこには科学、組織構成、思想をめぐって、現代の体制がしのぎを削っている諸問題が関説される。そして、われわれにとって経済的発展とは何か、あるいはそのイデオロギーの果てるところに蘇生する理念とは何かという、問いをかかげて対策を迫っている状況にいまあるという（B6-212〜213）。またとくに、『発展の思想』に関し、産業化に伴い人類はテクノロジーの恩恵のもとに入りこむほどに、イデオロギーの呪縛から解放されて、イデオロギーの終焉を目撃することになるという「テクノロジー時代」の到来の宣言として浜口は捉えている（B6-207）。だが、私たちにとって問題なのは、産業化の進展によって、果たしてイデオロギーの終焉がもたらされたのかどうかということも解明がやはり必要であるということである。従来、そうしたアロンの見解を是とするか、あるいは、イデオロギーの終焉論自体をむしろ、イデオロギーそのものとして批判するかといった、あまり生産的でない論争がこの問題に関してあった。

そこで、つぎにもう一人の武者小路公秀による『現代の社会――原題　進歩の幻想』に対する評価をみてみよう。武者小路によると、アロンの指摘した三つの矛盾は、以下のようにまとめられる。第一は、近代産業社会における平等性への指向がみられる一方、産業社会としての能率を高めるために階序的な秩序が要求されざるをえないという矛盾、そして第二は、人間が個人であろうとする欲求に支えられて、進歩をとげた近代産業社会が、これのもたらす経済成長のメカニズムの中で人間を歯車にしてしまうという矛盾、さらに第三は、人類の国際的な規模の交流の中で、人類の統合への動きがみられる反面、同時に諸民族間の不平等がかえって多くの問題を生みだしつつあるという矛盾である（B7-18）。これら三つの側面については、本書第2章において、それぞれヒエラルヒー化と不平等の問題、少数者の創造的行為と多数者の非人格的な業務従事に伴う労働者の疎外問題や主権国家の多元性にもとづく不平等主義の問題といった、諸側面において、すでに論じたところである。

ところで、むしろ武者小路が問題として指摘することは、アロンの指摘した矛盾が西欧諸国の場合、自国の歴史的な伝統の問題ならびに近代化の功罪の問題として、明らかにとりあげられているのに対し、日本のような非西欧諸国の場合、そうした産業社会の出現をどのように受けとめたのかという点にある。彼はいう、日本では、近代化―産業化をはかるにあたり、西欧の産業社会にみられるプロメティズム（与えられた条件に満足せずに、環境を改造し、自己の運命を開拓し、生活をより充実したものにしようとする人間の思想と行動のこと）の根底にある、目標価値の実現をめざしたものでなく、むしろ西欧模倣の一部としてそれをとり入れたにすぎないという。例えば、それは明治時代の民権家が国権主義的な立場から自由を主張し、また戦後民主主義の評価も、むしろ能率という考え方に近い受けとられかたになるという点にみられるという（B7-18）。したがって、日本の場合、均質性を前提とした一種の自然主義的な平等主義と社会の階層秩序との矛盾をたくみに回避するようなしくみがつくりだされ、むしろ、タテ社会の原理と日本的平等主義とが結合するところに生じる、いわゆる一家主義を生みだすに至ったという（B7―21〜22）。そして近代化の能率を最大にのばすために、タテ社会の各集団の間の摩擦をへらし、その相互的な適応を柔軟な形で実現していく方向に重点がおかれてきた。いうなれば、日本社会の近代化の秘密は、目標価値を選び、これを明確に設定したうえで、それにむかって計画的に進もうという形の社会哲学に支えられていないのである（B7―24）。そうした日本の現実をふまえたとき、アロンの分析は、福祉社会をめざすプロメティズムが、わが国の中で正しく成長するために、不可欠な現代産業社会の現実認識を深めるうえで、きわめて重要な指摘であると武者小路は最後に総括している。

2　アロンの残した課題

さて、アロンを単に社会学者と称することができないほど、彼には多様な側面がみられることは、すでにのべた通りである。だがしかし、彼の活動の軌跡をたどると、そこには一貫した姿勢が明らかに示されていることに気づく。すなわち、アロン史観ともいうべき、その歴史的認識は、ソヴィエト型社会体制（ボルシェヴィズム）とそれを論拠づけたとみる、マルクス主義への厳しい対立的観点を明示したという意味で、彼は保守的自由主義者といえる。そしてまた、その観点にもとづく、ときどきの時代の社会的諸状況に対する警世の評論家・思想家としても位置づけられる。アロンは、自己を評してつぎのようにいう、私は、現実から十分に離陸していなかった。自分は分析者あるいは批評家であったと(A28-776)。したがって、この保守的自由主義者と警世の評論家・思想家という二つの側面は、思想的対立ならびにイデオロギー論争の渦中に、アロン自身がつねに身をおく状況をつくりだした。それは、冷戦下における一方の陣営の有力なイデオローグとしての存在を強く印象づけたことはいうまでもない。

ところで、それら二側面の他に、社会学—政治学の研究者として、アロンは存在したのも事実である。その特徴はつぎのようになる。まず、現代社会を捉えるにあたり、類型的把握の対象として、産業社会の特質と問題が究明され、とくにヒエラルヒー的社会構成のもとでの不平等が問題視された。そして不平等の課題解決をめぐって、彼は、人間にとっての自由と民主主義への価値志向性の重要さを指摘し、そこから当然にも、代議制を軸とした政治体制の望ましいあり方を考察することとなった。やはり、こうした研究の基調は、前の二側面との照応関係にあることが指摘できる。だがともすると、こうした研究の側面は、前の二側面を論拠づける理論武装とみられる傾向があったのも確かである。このことは、少しとも社会学史の中に、アロンがほとんど位置づけられていないことによっても証明される。北川隆吉は、その点とも関連して、つぎのような手厳しい論評をしている。アロンの自由主義とは、〈明晰さ〉にあり、何ものにもおぼれない〈冷めた知性、平衡感覚〉のうちにある。そこから的確に相手のイデオロギーの虚妄を洗い出していく点での鋭さは抜群といってよい。だが同時に、そこから何らかの創造的な理論やイメージが湧き出ているのではない。彼の中にながれる歴史へのペシミスティックな対応の根底には、散文的な批評の域を超えないアロンの知性の限界があることを見すごしてはならないように思う。だがこのことを諒解したうえで、アロンから学びとるべきものは決して少なくないし、時流とはかかわりなく尊重されてしかるべき内容を含んでいることは否定できないのだと（B8－360～361）。アロンの総体評価として「散文的な批評の域を超えない」知性の限界があると断定することには、必ずしも同調できないにしても、やはり彼に、社会学などの個別科学の創造的な営為を見いだすことがむずかしいのは事実である。というのも、彼のいう社会学の対象や方法に関する枠組み自体は、何ら独創的なものではないからである。

それでは、果たしてアロンは私たちに一体、何を残したのだろうか。その点について最後に考えてみよう。彼の生きた時代、それは、二度にわたる世界大戦、ロシア革命とファシズムの出現そして米ソ二大国間の冷戦構造と平和的共存の模索、原水爆の絶え間ない脅威など、厳しい対立・緊張をはらんだ激動そのものであった。そうした中で、彼自身も回想録で「革命と戦争の同時代史を専門にしようと志した」（A28-806）と述懐するように、戦争の危機や人間にとっての自由と民主主義のあり方との関係において、ソヴィエト型社会体制（ボルシェヴィズム）とナチズムの現実は、彼にとって無視できない重大な問題であったことは疑うべくもない。アロンにとって、それらの現実は、人間として許すことのできない事実であり、それらに立ち向うことは、一つの倫理的要請ともいえるものとしてあった。まず、彼の知的活動の立脚点はそこにあったことは間違いない。フランス革命以来、うち続く階級対立と政治闘争に伴う、可変的で流動的なフランスの政治・社会状況のもと、かえってフランス革命宣言にみられる、自由・平等・人権といった価値の普遍化への要求は、ますます高まりつづけてきた伝統が、とくに思想界にはあった。アロンもまた、そうした知的・思想的状況のもと、根底においてそのような人間としての価値への志向性を保持し、そして自らの歴史的認識を深め、そのことが理念としての彼の基本的な姿勢を形成したことはいうまでもない。こうした姿勢こそ、一人の思想家として、ボルシェヴィズムとナチズムの現実に徹底的に固執せざるをえない基底的な動因であったといえる。だが、価値の普遍化への固執と依存は、むしろ、価値の普遍化を抑制し、はばむ現実社会との乖離を深める結果となり、そうした基本的姿勢を保つことだけでは、どうにもならない事態に追い込まれることも確かであった。だがしかし、私たちは、愚直なまでに一貫して問題を追求し、それにこだわりつづけた一人の人間をあらためて確認できる。このことはあらためて、現代において学問や思想を通して歴史と関わらざるをえない人間のあり方が問われていることを物語る。

第二は、こうした人間としての価値や精神的営為を基本にすえた思索のみでは、現実との接合をもちえないことに関してである。そこでアロンの場合、そうした思索活動の成果を、つねにジャーナリストとしての時局的判断の具体化との関係を通して表現し、討論することによって、自己の存在を確定しようとしたことが指摘できる。ジャーナリズムの活動自体、彼にとっては、一つの自己検証の舞台であったともいえる。だがそれは、研究における実証的検証を同伴することがなかった点もまた事実である。このことが、アロンにとって、基本的姿勢と時局的判断とを媒介する論理とは何かを私たちに問いかけることとなる。事実、彼の場合、基本的姿勢にみられる哲学的・認識論的判断は、時局的判断をせざるをえない場合に至り、その抽象的レベルにとどまることをやめて、すぐれて政治的・具体的論理に変換することで、事態に対処するという方法がみられた。こうしたことは、政治と学問との関係をどのように考えるべきかという重要な課題を私たちに提示している。

したがって第三は、双方を媒介するものとして、果たして社会学や政治学は、アロンによって位置づけられていたといえるのだろうかという問題である。すでにふれたように、彼の場合、社会学は、社会的なものを対象に、科学的・全体的な把握をめざすものとされている。そのために、彼は、精力的に社会学史研究を行ったが、結果的には、社会学の対象・方法の概括的な枠組みの提示にとどまった。他方、産業社会、階級闘争、民主主義と全体主義などのテーマ別の研究も、社会学理論を構築するための系譜的成果というより、自らの基本的姿勢を具体的に展開したものとしてあった。その意味からすると、後者でみる限り、一定の媒介的役割を社会学に求めようとしていたアロンの姿勢が指摘できる。だがしかし、結局のところ、アロンは、個別的領域から総合化を意図した社会学者というより、一般的にみた社会学的思考にもとづく、現代社会の診断・論評に貢献した思想家といえる。それも広範にして、深い学識に根ざした警世の思想家としてアロンを位置づけることができる。だが、こうしたアロンの社会学に対する基本姿勢を生みだした背景には、やはり彼の歴史的認識と十分に整合化しえなかった社会学的な現状分析のあり方が伏在していた。そうしたことの根底には、多義的で複雑な社会的現実を捉えるべき実体概念を求めつつも、やはり終局的にはユートピア的な期待概念にとどまった全体性把握の不十分さがあったことは否めない。私たちにとって歴史的認識を不可欠とする社会学の方法深化はきわめてアクチュアルな課題といえる。

さて、戦争、貧困、不平等と体制間抗争のもとで苦しむ人間の存在を、たとえ保守、反動といわれようとアロンなりに直視し、問題視することによって、彼は自らの立場をつねに一貫して主張しつづけた。だが、アロンの評価に則していえば、当初のイデオロギー的評価から人権などの人間としての価値的評価へと大きく変化したこと自体、やはり、知識人や思想界のあり方を基本的に問い直す必要性を物語る。それは、歴史や社会、国家そして人間の存在そのものを、どのように考えるのかといった基本的認識ぬきに、学問・研究のよってたつ基盤はないということを明らかに示唆している。アロン自身が、私たちにそのことを考えるうえで重要な素材を示してくれているとはいえないであろうか。アロンの生きた時代とはまた異なる現代は、グローバル化、情報技術革命などが叫ばれながらも、ますます歴史を展望することや全体を認識することがむずかしくとなっている。そのことは、さきにみた基本的姿勢を問うこと自体を断念させるような時代的状況に、私たちがおかれていることを物語ってはいないだろうか。あらためて、アロンの研究を通して、私たちは、その点を根底的に考究する必要がある。

付録

(Aron, 1981より)

A　業績一覧（主著）

1　1935　*La sociologie allemande contemporaine*, Paris, Alcan. 一九五六『現代ドイツ社会学』（秋元律郎他訳）理想社。一九八二『ヴェーバーへの道』（川上源太郎訳）福村出版。

2　1938　*Introduction à la philosophie de l'histoire, Essai sur les limites de l'objectivité historique*, Paris, Gallimard. 一九七一『歴史哲学入門』（霧生和夫訳）荒地出版社。

3　1938　*La philosophie critique de l'histoire*, Paris, Vrin.

4　1948　*Le grand schisme*, Paris, Gallimard.

5　1951　*Les guerres en chaine*, Paris.

6　1955　*L'opium des intellectuels*, Paris, Calmann-Lévy. 一九六〇『現代の知識人〔原題＝知識人の阿片〕』（濱辺善一郎訳）論争社。一九七〇『知識人とマルキシズム』（小谷秀二郎訳）荒地出版社。

7　1957　*Espoir et peur du siècle, Essais non partisans*, Paris, Calmann-Lévy.

8　1957　*La tragedie algérienne*, Paris, Polon Tribune Libro.

9　1958　*La société industrielle et la guerre*, Paris, Plon.

10　1959　*Immuable et changeante de la IVe et la Ve Republique*, Paris, Calmann-Lévy.

11　1960　*Dimensions de la conscience historique*, Paris, Plon.

12　1962　*Paix et guerre entre les nations*, Paris, Calmann-Lévy.

13　1962　*Dix-huit leçons sur la société industrielle*, Paris, Gallimard. 一九七〇『変貌する産業社会』（長塚隆吉訳）荒地出版社。

14　1964　*La lutte de classes*, Paris, Gallimard.

15　1965　*Essai sur le libertés*, Paris, Calmann-Lévy. 一九七〇『自由の論理』（曽村保彦訳）荒地出版社。

16 1965 *Démocratie et totalitarisme*, Paris, Gallimard.

17 1966 *Trois essais sur l'age industriel*, Paris, Plon. 一九七〇『発展の思想——産業社会を考える三つのエッセイ』（浜口晴彦訳）ダイヤモンド社。

18 1967 *Les etapes de la pensée sociologique*, Paris, Gallimard. 一九七四・一九八四『社会学的思考の流れ』ⅠⅡ（北川隆吉他訳）法政大学出版局。

19 1968 *La revolution introuvable*, Paris, Fayard.

20 1969 *Les desillusions du progrés*, Paris, Calmann-Lévy. 一九七一『現代の社会〔原題＝進歩の幻想〕』（松原洋三訳）エンサイクロペディア・ブリタニカ日本支社。

21 1969 *D'une sainte famille à l'autre, essais sur les marxismes imaginaires*, Paris, Gallimard.

22 1970 *De la condition historique du sociologue*, Paris, Gallimard.

23 1973 *Histoire et dialectique de la violence*, Paris, Gallimard.

24 1976 *Penser la guerre, Clausewitz*, Vol.1, Vol.2. 一九七六『戦争を考える——クラウゼヴィッツと現代の戦略』（佐藤毅夫他訳　第二巻のみ）政治広報センター。

25 1976 「マックス・ウェーバーの権力政治」O・シュタマー編『ウェーバーと現代社会学』（溝部明男訳）木鐸社（原著は一九六五）。

26 1977 *Plaidoyer pour l'europe décadente*, Paris, Laffont.

27 1981 *Le spectateur engagé*, Paris, Julliard.

28 1983 *Memoires: 50 ans de réflexion politique*, Paris, Julliard. 一九九九『レーモン・アロン回想録』1・2（三保元訳）みすず書房。

29 1984 *Les dernières années du siècle*, Paris, Julliard. 一九八六『世紀末の国際関係』（柏岡富英他訳）昭和堂。

30 1988 *tude sociologiques*, Presses Universitaries de France. 同書英文訳は1988 Power, Modernity and Sociology (ed by O.Schnapper), Edward Elgar.

B　参考文献

1　G・ヨネスク（一九七七）「レイモン・アロン――現代的古典主義者」A・D・クレスニイ、K・マイーウグ編『現代の政治哲学者』（浜口晴彦訳）南窓社。

2　杉山光信（一九八七）『モラリストの政治参加――レイモン・アロンと現代フランス知識人』中央公論社。

3　辻村明・渡辺良智（一九七四）「ソヴィエト社会学」福武直編『社会学講座18　歴史と課題』東京大学出版会。

4　奈良和重（一九九四）『イデオロギー批判のプロフィール――批判的合理主義からポストモダニズムまで』慶応通信株式会社。

5　北川忠明（一九九五）『レイモン・アロンの政治思想』青木書店。

6　浜口晴彦（一九七〇）「産業社会論の系譜――一九世紀と二〇世紀の比較」前掲翻訳書『発展の思想』に所収。

7　武者小路公秀（一九七一）「プロメティズムと非西欧世界――アロン氏の所論に関連して――」前掲翻訳書『現代の社会』に所収。

8　北川隆吉（一九九五）「訳者あとがき――解説にかえて――」前掲翻訳書『社会学的思考の流れ』IIに所収。

9　杉山光信（一九八五）『現代フランス社会学の革新』新曜社。

10　**Marx, K.** (1845-46), *Die deutsche Ideologie* (mit Engels. F). マルクス・エンゲルス（一九七二）『ドイツ・イデオロギー』（花崎皋平訳）合同出版。

11　**Marx, K.** (1857-58), *Grundrisse der Kritik der politischen Ökonomie.* マルクス（一九七二）『経済学批判要綱』第一分冊（高木幸二郎監訳）青木書店。

12 Hegel, G.W.F. (1821), *Grundlinien der Philosophie des Rechts.* ヘーゲル（一九九七）『法の哲学』（藤野渉他訳）中央公論社。

13 パンセ編集委員会編（一九七三）『史的唯物論と社会構成体論争』（大枝秀一訳）大月書店。

14 Eisenstadt, S.N. (1988), *The Sociological Vision of Raymond Aron.* 前掲英訳 Power, Modernity and Sociology に所収。

15 Dahrendorf, R. (1997), *Aron's World* (ed by Boudon, R. et al), *The Classical Tradition in Sociology—The European Tradition* Vol.IV, Sage Publications.

16 Sirinelli, J.F. (1984), *Raymond Aron avant Raymond Aron 1923-1933,* Vingtième siècle no.2, avril.

アロンの略年譜

一九〇五	三月一四日パリに三兄弟の末子として生まれる。
一九一四〜一八	第一次世界大戦　大戦には関心なし。
一九一七	ロシア革命。
一九二四	高等師範学校入学（同級生にサルトル、ニザンがいる）。
一九二五	労働者インターナショナル・フランス支部（社会党の前身）に入党。
一九二八	教授資格試験（アグレガシオン）に合格。
一九二九	世界恐慌。父株の暴落で財産失う。母も持参金失う。
一九二八〜三〇	兵役に従事（空軍の気象部門）。アロンにとって研究で空白の期間。
一九三〇〜三一	ケルン大学フランス語助手。危機の時代認識にもとづく研究への意欲。
一九三一〜三三	ベルリン大学へ留学。雑誌に寄稿はじめる。マルクスやウェーバーの研究に専念。ワイマール共和制の最後をみとどける。
一九三三	ヒトラー政権掌握。アロンはフランスへ帰国し、シュザンヌ・ブーションと結婚（三人の女児誕生。五〇年に次女白血病で死亡。ダウン症の三女誕生という不幸にみまわれる）。
一九三三〜三四	ルアーブル高校教師。
一九三五〜三九	高等師範学校社会資料センター従事。トゥールーズ大学講師。

一九三七	ボルドー大学教授（四四年まで）。
一九三九〜四五	第二次世界大戦。三九年にフランスとドイツとの全面戦争突入後、ロンドンへ亡命し、ナチズムへの抵抗組織「自由フランス国民委員会」に参加し、機関誌の編集に従事。
一九四四	ナチズム崩壊後、フランスへ帰国、サルトル、マルロウらと親交を深める。
一九四五	ド・ゴール政権下のマルロウ情報相の官房長就任（二ヵ月のみ）。「コンパ」誌に入社。ジャーナリストとしての生活はじまる。
一九四七	「ル・フィガロ」誌に入社（七七年の退職まで）。ド・ゴールのフランス人民連合に入党し、全国評議会委員で活躍（同連合は五二年に解散）。ラジオ番組での対談中の発言をめぐってサルトルとの親交断絶。両者の関係は六〇年代後半の大学紛争時に決定的に断絶する。雑誌「現代」への寄稿もとり止める。
一九五〇〜五三	朝鮮戦争。
一九五三	スターリンの死。アロンはじめて訪日。
一九五四	インドシナでフランス敗北、アルジェリアで反乱、アロンはインドシナの放棄とアルジェリアの独立を主張。
一九五五	パリ大学教授就任、連続した公開講座開催。その他、教育制度の改革に意欲を示す。
一九五六	ソ連二〇回党大会で個人崇拝と専制支配が問題化。
一九五八	ド・ゴールの第五共和制の発足。アロンはド・ゴール政権に一定の距離を保つ。
一九六二	ソ連によるキューバでのミサイル基地をめぐり米ソ間の異常な緊張の高まり。
一九六三	部分的核実験停止条約。南ベトナムに戒厳令。
一九六五	アメリカのベトナム北爆開始。アロンの二回目の訪日。

一九六八	パリ大学から社会科学高等研究院へ移る。大学紛争の激化（五月革命）。アロンは大学紛争には冷静な観察者にとどまる。チェコへのソ連侵攻。
一九七〇	コレージュ・ド・フランスの教授就任。精力的な研究活動開始。アロンの三回目の訪日。
一九七三	米ソ間核戦争防止協定、緊張緩和（デタント）の時代へ入る。第一次石油危機でその後、世界経済は景気停滞期に入る。
一九七四	アロン科学文化功労賞授与される。世界同時スタグフレーションの発生。
一九七五	ベトナム戦争の終結。
一九七七	アロン塞栓症で倒れる。その後リハビリテーションである程度回復。コレージュ・ド・フランス退職。「ル・フィガロ」誌退職。その後「レクスプレス」誌へ入社し、論説委員長になる。この後「回想録」執筆に専念。
一九七八	はじめての国連軍縮特別総会開催。
一九七九	フランクフルトでゲーテ賞授与される。第二次石油危機。
一九八三	一〇月一七日死去。享年七八歳。

【タ行】

【ナ行】

【ハ行】

【マ行】

【ラ行】

事項索引

【マ行】

【ヤ・ラ行】

人名索引

■著者紹介

岩城　完之（いわき　さだゆき）

1935年　東京に生まれる

1957年　東京学芸大学学芸学部卒業

東京学芸大学助手、(財)日本工業立地センター研究員、

和光大学助教授、北海道大学助教授、山梨大学教授を経て

現在、関東学院大学文学部教授　地域社会論、生活構造論を専攻

主要著書・訳書

『大衆の国家』E. レーデラー（共訳）東京創元社、1961年

『社会学的思考の流れ I』R. アロン（共訳）法政大学出版局、1974年

『社会・生活構造と地域社会』（共著）時潮社、1975年

『地域社会論』（共著）有斐閣、1980年

『地域産業変動と階級・階層』（共著）御茶の水書房、1982年

『日本社会の社会学的分析』（共編著）アカデミア出版会、1982年

『社会学方法論』（共著）御茶の水書房、1983年

『倉敷・水島／日本資本主義の展開と都市社会』（共著）東信堂、1992年

『都市社会変動と生活過程』時潮社、1994年

『産業変動下の地域社会』（編著）学文社、1996年

『20世紀社会学理論の検証』（共著）有信堂高文社、1996年

『城南工業地帯の衰退と地域社会の変容』（共編著）こうち書房、2000年

Raymond Aron: The Penetrating Thinker
Critiqued Strictly in the Age of Crisis

〈シリーズ世界の社会学・日本の社会学〉
レイモン・アロン――危機の時代における透徹した警世の思想家

2001年9月10日　初　版 第1刷発行　〔検印省略〕

＊定価はカバーに表示してあります

著者 © 岩城完之　発行者 下田勝司　印刷・製本　中央精版印刷

東京都文京区向丘 1-20-6 郵便振替 00110-6-37828
〒113-0023 TEL (03) 3818-5521(代) FAX (03) 3818-5514
E-Mail tk203444@fsinet.or.jp

発行所 株式会社 東信堂

Published by **TOSHINDO PUBLISHING CO., LTD.**
1-5-1, Mukougaoka, Bunkyo-ku, Tokyo, 113-0023, Japan

ISBN4-88713-401-0 C3336 ¥1800E ©Sadayuki Iwaki

東信堂

〔シリーズ 世界の社会学・日本の社会学 全50巻〕

タルコット・パーソンズ—最後の近代主義者　中野秀一郎　一八〇〇円
ゲオルク・ジンメル—現代分化社会における個人と社会　居安正　一八〇〇円
ジョージ・H・ミード—社会的自我論の展開　船津衛　一八〇〇円
奥井復太郎—都市社会学と生活論の創始者　藤田弘夫　一八〇〇円
新明正道—綜合社会学の探究　山本鎭雄著　一八〇〇円
アラン・トゥーレーヌ—現代社会のゆくえと新しい社会運動　杉山光信著　一八〇〇円
アルフレッド・シュッツ—主観的時間と社会的空間　森元孝　一八〇〇円
エミール・デュルケム—社会の道徳的再建と社会学　中島道男　一八〇〇円
レイモン・アロン—危機の時代の透徹した警世思想家　岩城完之　一八〇〇円
米田庄太郎　中久郎　続刊
高田保馬　北島滋　続刊

白神山地と青秋林道—地域開発と環境保全の社会学　井上孝夫　三二〇〇円
現代環境問題論—理論と方法の再定置のために　井上孝夫　二三〇〇円
現代日本の階級構造—理論・方法・計量分析　橋本健二　四三〇〇円

〔研究誌・学会誌〕

社会と情報1～4　「社会と情報」編集委員会編　一八〇〇～二〇六〇円
東京研究3・4　東京自治問題研究所編　二〇〇〇円 二三八一円
日本労働社会学会年報4～11　日本労働社会学会編　二九一三～三三〇〇円
労働社会学研究1・2　日本労働社会学会編　各一八〇〇円
社会政策研究1　「社会政策研究」編集委員会編　二〇〇〇円

〒113-0023　東京都文京区向丘1－5－1　☎03(3818)5521　FAX 03(3818)5514／振替 00110-6-37828

※税別価格で表示してあります。